A Mente segundo Dennett

Coleção Big Bang
Dirigida por Gita K. Guinsburg

Edição de texto: Iracema A. de Oliveira
Revisão de provas: Adriano Carvalho Araújo e Sousa
Capa e projeto gráfico: Sergio Kon
Produção: Ricardo Neves, Sergio Kon e Raquel Fernandes Abranches

A MENTE SEGUNDO DENNETT

João de Fernandes Teixeira

© João de Fernandes Teixeira

Dados Internacionais
de Catalogação na Publicação (CIP)
(Câmara Brasileira do Livro, SP, Brasil)

Teixeira, João de Fernandes
　　A mente segundo Dennett / João de Fernandes Teixeira. -- São Paulo: Perspectiva, 2008. – (Big Bang / dirigida por Gita K. Guinsburg)

　　Bibliografia
　　ISBN 978-85-273-0843-4

　　1. Cognição 2. Consciência 3. Corpo e mente 4. Dennett, Daniel Clement 5. Filosofia da mente I. Título. II. Série.

08-11805   CDD-128.2

Índices para catálogo sistemático:

　　1. Filosofia da mente   128.2
　　2. Mente : Filosofia   128.2

Direitos reservados em língua portuguesa à

EDITORA PERSPECTIVA S.A.

Av. Brigadeiro Luís Antônio, 3025
01401-000 São Paulo SP Brasil
Telefax: (011) 3885-8388
www.editoraperspectiva.com.br

2008

Para Malu e Jujuba,
amores da minha vida.

Aos meus alunos Nivaldo Machado,
Gustavo Leal-Toledo,
Alessandro Bender
e, em especial, a Suely Molina
pelas críticas e sugestões às primeiras
versões deste livro.
A Daniel Dennett,
que leu a última versão.

Sumário

Introduzindo Dennett   11

I   Mente   29

II   Consciência   67

III   Dennett e a Psicologia   111

IV   Concluindo   135

Bibliografia e Referências   145

Introduzindo Dennett

É preciso subir os quase duzentos degraus das Memorial Steps – uma longa e íngreme escadaria com os nomes dos veteranos da Primeira Guerra Mundial gravados no cimento – para chegarmos ao pátio que conduz ao Centro de Estudos Cognitivos da Tufts University. É lá o local de trabalho de Daniel Dennett, um dos mais importantes filósofos contemporâneos vivos. Dennett nasceu em Boston em 1942 e é, atualmente, considerado um dos pais da ciência cognitiva.

A ciência cognitiva consolidou-se ao longo das décadas de 1960 e 70, tendo como proposta o estudo do funcionamento mental através de modelos computacionais. Ela se cruza com outras disciplinas igualmente jovens, a inteligência artificial e a filosofia da mente.

A inteligência artificial apostou numa proposta metodológica inovadora, qual seja, a idéia de que simular é explicar. No caso da mente, a simulação é a tentativa de replicação do modo como os seres humanos executam tarefas inteligentes. Essa foi a motivação inicial da ciência cognitiva, cujos pesquisadores rapidamente perceberam estar diante de uma tarefa interdisciplinar, que teria de se valer dos recursos da psicologia, da lingüística, da ciência da computação e das neurociências – enfim, tudo que pudesse contribuir para o estudo do funcionamento da mente.

Embora a filosofia da mente aborde um tema filosófico milenar, que é o da natureza do mental, sua novidade está em tratá-lo através da ótica da psicologia e da neurociência. Ao contrário do saber filosófico tradicional, a filosofia da mente mistura análise conceitual com resultados empíricos. Isso a torna uma disciplina relativamente jovem, que completa pouco mais de cinco décadas de existência. Sua preocupação central manteve-se em torno do chamado problema mente-cérebro, ou seja, saber se o mental é um produto do cérebro ou se este é apenas o hospedeiro biológico da mente.

Este problema aproximou, nesses anos, filósofos e cientistas, que embora adotando métodos diferentes sempre mantiveram o objetivo comum de solucioná-lo. A maioria dos cientistas aposta que ele se tornará, nos próximos anos, um problema a ser resolvido pela neurociência, enquanto alguns filósofos insistem que ele continuará sendo um mistério. Os primeiros apostam nos avanços tecnológicos da última década do século XX, como, por exemplo, o desenvolvimento das técnicas de neuroimagem e de mapeamento cerebral. Os segundos insistem em sustentar que, enquanto o problema da consciência não for resolvido nenhuma forma de materialismo poderá ser adotada, ou seja, não será possível sustentar que a mente é apenas um produto do cérebro.

O problema mente-cérebro reapareceu no cenário filosófico nos anos de 1950 a partir de formas cruas de materialismo,defendidas pelos filósofos australianos Smart, Place e Armstrong. Sobre a neurociência acumularam-se suas apostas futuras na comprovação de que nossa vida mental seria apenas uma manifestação do metabolismo cerebral pois, para eles, estados mentais seriam idênticos a estados cerebrais. Desde então os neurocientistas passaram a disputar a primazia para resolver este problema. Eles desejaram torná-lo um problema essencialmente empírico, esvaziando suas nuances e sutilezas conceituais para tratá-lo como objeto de ciência. Os materialistas – sem nunca nos dizer o que entendiam por matéria e freqüentemente adotando um fisicalismo ingênuo, ou seja, identificando-a com os objetos que nos cercam – insistiram na idéia de que a utilização do método científico levaria a uma progressiva redefinição das concepções de mente e de consciência bem como a uma unificação da imagem do mundo.

Mas, ao lado dos materialistas, havia os defensores do dualismo entre mente e matéria. O principal deles é o australiano David Chalmers. Ele nos fala de um dualismo *naturalista*, por entender que a experiência consciente deve ser considerada uma característica fundamental do mundo, do mesmo jeito que massa, carga eletromagnética e espaço-tempo o são. Experiências conscientes seriam um fenômeno único e inimitável na natureza e conceber uma teoria da mente, sem explicar a natureza da consciência, levaria a algo que poderia soar como um paradoxo, como, por exemplo, postular a existência de seres estranhos que passaram a habitar o imaginário de alguns filósofos da mente, os chamados *zumbis*. Um zumbi é um ser que teria todas as características físicas e comportamentos de um ser humano, mas não poderia, rigorosamente, ser considerado humano, pois a ele faltaria a consciência do que faz. A possibilidade, mesmo que apenas lógica ou metafísica, da existência de zumbis apontaria para os limites do materialismo.

É neste cenário que se insere a filosofia de Dennett, quais sejam suas concepções sobre a mente e a consciência. A importância de seus trabalhos – publicados em livros e artigos desde 1969 até os dias de hoje – não reside apenas numa reflexão sobre os temas principais da filosofia da mente como, também, no fato de abrir a possibilidade para repensar o estatuto científico da psicologia e suas interfaces com outras disciplinas, como é o caso da ciência da computação, da robótica e da neurociência contemporânea. Em outras palavras, seu pensamento permite estabelecer um diálogo entre ciência e filosofia que garante à sua obra uma grande robustez face às profundas revoluções pelas quais vêm passando as ciências *psi* nas últimas décadas.

A filosofia da mente de Dennett acompanha a tradição naturalista do século XX, ou seja, uma visão segundo a qual a natureza do mental pode ser explicada pela ciência, rejeitando abordagens espirituais e incursões pelos campos da metafísica. Não há mistérios que possam resistir à investigação científica: um dia a psicologia tornar-se-á, graças à inteligência artificial, um capítulo da chamada *engenharia reversa*. Esta consiste no trabalho inverso ao de elaborar um projeto, ou seja, na atividade de desmontar dispositivos para ver como eles funcionam (Quem já não viu um adolescente desmontando um rádio para ver como funciona?).

Dennett acredita que desta forma poderemos explicar o funcionamento da mente, primeiro "desmontando-a" para depois replicá-la em modelos. É neste ponto que encontraremos uma grande interseção entre a filosofia, a inteligência artificial e a ciência cognitiva. Dennett sempre acreditou que os problemas filosóficos poderão ser tratados a partir da visão científica proporcionada por essas novas disciplinas, o que alterará profundamente os horizontes da filosofia futura[1]. A inteligência artificial abrirá caminho para montar modelos de atividades mentais inteligentes e as hipóteses neles contidas poderão ser testadas. A investigação filosófica forma, assim, um triângulo em cujos vértices estão a filosofia, a psicologia e a ciência da computação.

[1] Ver Inteligência Artificial como Filosofia e como Psicologia, *Brainstorms*.

Essa visão naturalista – segundo a qual o pensamento é apenas um dos aspectos da natureza – foi também defendida por filósofos e psicólogos como Quine e Skinner em contraposição à visão proposta por Descartes há quatrocentos anos. Livrar-se das sombras implícitas e explícitas do pensamento cartesiano parece ter sido o maior esforço empreendido tanto pela filosofia como pela psicologia do século xx.

Descartes sustentou que mente e matéria eram substâncias radicalmente distintas, o que deu origem ao problema mente-corpo. O físico é o mensurável e orgânico. O mental não tem dimensão, peso ou espacialidade. A ontologia cartesiana apostou no paradoxo de o mental constituir-se como uma experiência imediata que todos temos; uma experiência em primeira pessoa, que não podemos sequer atribuir com certeza aos outros humanos que nos cercam. O mental convida-nos a ingressar numa espécie de ontologia do invisível, do diáfano, estabelecendo um corte na nossa percepção do mundo. É essa ontologia do invisível que promove uma aliança secreta entre a tese da imaterialidade da alma e as religiões universais, pois nestas encontramos o convite a aceitar a existência do que jamais poderá ser observado: a fé no imperceptível.

Na perspectiva cartesiana tratar da interação entre mente e corpo tornou-se impossível na medida em que o psíquico não pode ser *causa* de nenhum fenômeno no mundo material. A passagem entre o físico e o mental – a verdadeira dimensão do problema mente-corpo – não nos é cognitivamente acessível no mundo cartesiano. A solução proposta por Descartes era atribuir a um órgão, qual seja, a glândula pineal, a função de interface entre a mente e o corpo. Mas essa era uma solução inaceitável, pois não explicava ainda como e por que algo físico poderia ter um duplo papel.

Mais do que isso, Descartes dividiu o universo em dois: o mundo do físico e o mundo do mental, cada um deles com características e propriedades assimétricas. A proposição basilar de sua filosofia – "Penso, logo existo" – levava a esta posição que ficou conhecida como *dualismo*, por oposição ao *monismo materialista* ou simplesmente *materialismo*. Curiosamente, Descartes nunca explicou o que entendia por "pensamento" e nem tampouco por "existir".

O dualismo de Descartes foi contestado por algumas filosofias que o sucederam. Pensadores ilustres como Hobbes (1588-1679) e La Mettrie (1709-1751) defenderam a visão contrária, ou seja, a idéia de que mente e matéria seriam a mesma coisa ou de que o mental nada mais seria do que uma variedade da manifestação do físico. No seu *Leviatã* Hobbes argumentou que, como os fenômenos mentais são causados por movimentos e como os movimentos são corporais, os fenômenos mentais devem ser estados corporais de substâncias corporais, ou seja, físicas. Com isso, abria-se um debate entre duas posições filosóficas irreconciliáveis que imprimiu à história da filosofia nos últimos séculos um movimento pendular, oscilando por vezes em direção ao dualismo e por outras em direção ao materialismo.

No século XX a filosofia da mente retoma este problema, contando, desta vez, como aliadas, as pesquisas acerca do funcionamento cerebral. O problema mente-corpo, como foi enunciado por Descartes, transforma-se no problema mente-cérebro. Seus contornos, entretanto, permanecem essencialmente os mesmos: para poder refutar Descartes é preciso saber como o cérebro pode dar origem ao pensamento e como este, por sua vez, pode afetar o cérebro e o corpo. Contudo, a filosofia da mente e, por vezes, mesmo que paradoxalmente, a própria neurociência percorrem o mesmo movimento pendular entre materialismo e dualismo, como o fez a filosofia nos últimos séculos.

Uma das peculiaridades da filosofia da mente de Dennett é apontar para a possibilidade de uma superação dessa interminável oscilação pendular entre materialismo e dualismo, apresentando uma solução original para o problema mente-cérebro uma vez que nem o materialismo nem o dualismo "conseguiram encontrar as palavras mágicas que lhe garantissem a vitória de um sobre o outro"[2].

2 D. Dennett, op. cit., p. XVI.

Discípulo de Quine (1908-2000) em Harvard – de quem herdou o naturalismo, ou seja, a idéia de que a filosofia deve ser uma aliada da ciência ou um prolongamento desta – e depois de Ryle (1900-1976) em Oxford; Dennett pertence a uma linhagem filosófica profundamente marcada pela análise da linguagem, especialmente dos termos psicológicos.

Ryle adotava uma perspectiva deflacionária em relação aos problemas da filosofia da mente, julgando que a maioria deles era oriunda da linguagem, que geraria uma falsa ontologia da qual se derivariam vários pseudoproblemas, inclusive o problema mente-cérebro. Isso não significa, contudo, que Dennett considere o problema mente-cérebro uma questão única e exclusivamente lingüística e sim que os problemas da psicologia e da filosofia da mente *têm início* na linguagem.

A análise lógica da estrutura das teorias científicas – empreendida no início do século XX por alguns filósofos da ciência – situou a origem dos problemas da psicologia na linguagem. Os termos com os quais são construídas as teorias psicológicas derivam da linguagem comum (*folk psychology* ou psicologia popular, termo cunhado por Dennett em 1981) o que os torna vagos e imprecisos.

Mas que tipo de vagueza e imprecisão é essa? Por que não podemos considerar a psicologia uma ciência *exata*? O ideal de uma ciência *exata* é relativamente recente na história do pensamento ocidental. Exatidão e precisão constituem cânones para o conhecimento científico que surgem com o projeto de matematização da natureza, iniciado pela física moderna no século XVII, tendo como protagonistas Galileu e, mais tarde, Newton. Matematização da física significa aplicação de equações matemáticas para descrever o movimento dos corpos físicos, o que resultou na consolidação da mecânica clássica – o conjunto de equações que descrevem o movimento dos corpos que aprendemos na escola secundária. Essas equações não só descrevem o movimento dos corpos como também possibilitam predições sobre esses movimentos.

A psicologia dificilmente consegue fazer predições exatas do comportamento humano como o faz a mecânica celeste, mas, talvez, apenas algumas aproximações indutivas. Uma possível razão para isso seria o fato de não sabermos se os termos que ela emprega tais como:

ansiedade, assertividade, inveja etc. possuem referentes no mundo. Ou seja, ao utilizar essa terminologia na construção de teorias, o psicólogo não sabe muito bem do que está falando: de coisas que existem no mundo ou de ilusões criadas pela sua própria linguagem. Já num de seus primeiros escritos (1969), Dennett percorre esse problema, fazendo notar que não é possível reduzir a descrição da ação humana, que contém termos mentais, a uma descrição física (com referentes definidos), isto é, que ela seja feita prescindindo de um vocabulário psicológico específico, os chamados "termos intencionais".

Termos intencionais caracterizam-se pela sua intensão (com s) e os não-intencionais e toda lógica que rege as ciências naturais são caracterizados pela extensão. A extensão de um termo é a classe das coisas às quais o termo se refere, ao passo que a *intensão* se refere ao significado de cada elemento tomado individualmente. Por exemplo, o termo "Vênus" refere-se à "Estrela da manhã", "Estrela da tarde" e "o segundo planeta mais próximo do sol". Cada um desses termos apresenta diferentes *intensões* ou significados, os quais não podem ser captados pela linguagem das ciências naturais.

Outro exemplo típico da distinção entre intensão e extensão encontramos na peça teatral *Édipo Rei* de Sófocles[3]. Consideremos as seguintes proposições:

> **3** Para uma versão mais detalhada deste exemplo ver J. de F. Teixeira, *Mente, Cérebro e Cognição*, p. 67.

A: *Édipo casa-se com Jocasta*
B: *Édipo deseja que Jocasta se torne sua esposa.*

No caso de "A" podemos substituir o termo "Jocasta" pelo termo "a mãe de Édipo" e o valor de verdade da sentença (isto é, se ela é verdadeira ou falsa) continuará sendo o mesmo. Neste caso temos:

A':*Édipo casa-se com a mãe de Édipo.*

O valor de verdade de A e de A' é o mesmo.

Tomemos agora a sentença B e substituamos o termo "Jocasta" pelo termo "a mãe de Édipo". Neste caso, teremos a sentença:

B':*Édipo deseja que a mãe de Édipo se torne sua esposa.*

B e B' não têm o mesmo valor de verdade. Aliás, é precisamente por isto que a vida de Édipo tornou-se trágica. "Jocasta" e "a mãe de Édipo" são termos que designam a mesma coisa no mundo, mas o valor de verdade é alterado: "Jocasta" e "a mãe de Édipo" são modos diferentes de *representar* uma mesma coisa no mundo. A representação alterou o valor de verdade de B'. Édipo jamais poderia admitir que desejasse casar-se com sua mãe, mas admitiria que desejava casar-se com Jocasta – embora "Jocasta" e "mãe de Édipo" designem a mesma coisa no mundo. Quando uma situação deste tipo ocorre, temos um *contexto opaco* ou um *contexto intensional* (com s). Aliás, se Édipo soubesse que "Jocasta" e a "mãe de Édipo" designavam a mesma coisa, não teria havido tragédia e ele não teria tido que arrancar seus olhos.

Todo o edifício teórico da psicologia parece estar erguido sobre estes termos intensionais que permeiam suas diversas teorias: apego, assertividade, instinto, ciúmes etc. e outros termos que não têm uma referência precisa no mundo, ou seja, não designam um conjunto preciso e finito de comportamentos e atitudes, o que torna o discurso psicológico sempre contaminado pela vagueza. Sua determinação depende sempre do *contexto* onde eles/elas ocorrem. Por outro lado, no caso das ciências da natureza, a referência, ou extensão dos termos seria sempre determinável – mesmo no caso de objetos que talvez nunca possamos observar, como é o caso dos átomos e seus componentes. A psicologia parece então enfrentar um grande paradoxo: para se adaptar ao método científico e tornar-se efetivamente uma ciência do psiquismo é preciso que ela exclua de seu escopo a experiência subjetiva e os termos intensionais (com s), ou seja, aquilo que mais acentuadamente constitui sua trama discursiva.

Profundamente influenciado pela inteligência artificial então nascente e tentando encontrar fundamento para a psicologia, Dennett concebe a mente como domínio do virtual, ou seja, como um conjunto de ficções úteis para explicar nossos próprios comportamentos e o de nossos semelhantes – que além de humanos, podem ser animais ou máquinas. O virtual a que ele se refere, na forma de intensional (com s) não deve, contudo, ser confundido com algo que teria existência própria, como, por exemplo, as idéias de que nos fala Platão.

O virtual é concebido como algo que tem uma multiplicidade de suportes materiais. Um exemplo típico é um texto que pode ter como suporte material uma pedra, um pergaminho, uma folha de papel ou um arquivo de computador. Como veremos mais adiante, esta é a doutrina chamada funcionalismo: o mental pode ter vários tipos de suporte material e não é este que o caracteriza.

Os conteúdos mentais para Dennett são construções teóricas e lingüísticas e é por esta concepção que ele se afasta de qualquer tipo de platonismo. Esta visão é desenvolvida em um de seus livros mais importantes, a coleção de ensaios intitulada *Brainstorms*, publicada em 1978. Examinaremos este aspecto do pensamento dennettiano, sua concepção de mente, no capítulo I.

Em um dos ensaios mais interessantes e, ao mesmo tempo centrais para sua teoria, Dennett discute a inclusão de computadores e robôs no universo dos seres pensantes o que é outra peculiaridade de seu pensamento filosófico. O mental é uma construção teórica a partir de termos psicológicos que, como ficções úteis, tornam os comportamentos complexos inteligíveis sejam eles de humanos ou de dispositivos artificiais. Esta construção teórica, que ele batiza com o nome de *sistema intencional* está, ao mesmo tempo, na natureza e nos olhos do observador.

É esse aspecto do pensamento dennettiano que lhe confere, conforme veremos, uma proximidade e ao mesmo tempo uma distância insuperável em relação ao behaviorismo. Pois, para Dennett, não é tarefa da filosofia da mente suprimir o mental, tampouco reduzi-lo ao comportamental ou ao cerebral. O que há de fascinante na sua perspectiva naturalista e que a torna realmente inovadora é a defesa de um *materialismo não-reducionista*. Ou seja, materialismo não significa relacionar estados mentais com eventos e localizações cerebrais específicas construindo, assim, uma relação biunívoca. Dennett recusa-se a ser chamado de reducionista, mas sua filosofia tampouco é dualista: ele está na terceira margem do rio.

A partir do conceito de mente desenvolvido por Dennett é possível falar dos fenômenos mentais a partir de uma dupla perspectiva: a da ciência e a do senso comum. Em outras palavras, ele constrói este conceito de modo suficientemente amplo para acomodar a pesquisa em inteligência artificial, em neurociência e, ao mesmo tempo, em nossa perspectiva de senso comum acerca do mental derivada da psicologia popular – ou seja, a descrição do mental por meio de uma teoria habitual que todos possuímos e pela qual explicamos os comportamentos alheios, recorrendo às idéias comuns de "intenção", "crença", "desejo" etc. Trata-se assim de uma reconciliação entre ciência e senso comum, cuja convivência deixou de ser problemática em várias outras disciplinas como, por exemplo, na física e na biologia, pois nelas há um corte definido entre senso comum e ciência. Como isso ainda não ocorreu na psicologia, a mistura entre ciência e senso comum faz com que quase sempre nos deparemos com dificuldades inusitadas e confusões conceituais.

Repensar o estatuto científico da psicologia já seria suficiente para colocar Dennett ao lado dos maiores pensadores do século XX. Mas sua contribuição à filosofia e à ciência cognitiva não pára por aí. A partir da década de 1990, sua obra estende-se à uma reflexão acerca da natureza da consciência, tema que tinha sido, aparentemente, abandonado pela filosofia da mente. Em 1991 aparece o livro *Consciousness Explained* (Consciência Explicada) que apresenta uma teoria da consciência original, baseada em modelos computacionais.

A publicação do trabalho sobre consciência é seguida pela incursão de Dennett nos campos da biologia e da teoria da evolução, o que o leva a produzir, em 1995, um livro sobre Darwin, o *Darwin´s Dangerous Idea* (A Idéia Perigosa de Darwin). Nele, além de reflexões sobre a idéia de evolução, são apresentados outros temas polêmicos, como, por exemplo, a questão da continuidade entre natureza e cultura, que se traduz na discussão sobre a continuidade entre as ciências biológicas e as ciências da cultura. Outro tema polêmico abordado por Dennett neste livro é a possibilidade de fundamentação da ética na biologia e na teoria da evolução. Tema que tem inquietado os pensadores do século XX, cada vez mais expostos à expansão da biologia em direção a outras áreas do conhecimento e à necessidade de formação e debate de novas interfaces interdisciplinares entre o saber biológico e outras disciplinas como a ciência da computação, a sociologia (adquirindo a forma de sociobiologia), a antropologia e a ética.

A obra de Dennett ainda não terminou. Como pensador vivo, sua inquietação manifesta-se na produção incessante de novos livros e artigos a cada ano que passa. Depois de escrever sobre evolução, Dennett já abordou o tema da liberdade e num livro recente, *Breaking the Spell*, já traduzido para o português (*Quebrando o Encanto*), tratou de assuntos controversos como religião e ateísmo. Talvez essa seja uma das maiores dificuldades que enfrentamos ao escrever este livro, pois não poderemos percorrer toda sua obra, mas apenas focalizar alguns de seus segmentos que julgamos essenciais para que o leitor possa, em seguida, dedicar-se a essa tarefa. É por esta razão que nos concentraremos na sua teoria da mente e da consciência, onde encontramos uma lacuna maior de textos introdutórios em língua portuguesa. Ou seja, não pretendemos apresentar uma reconstrução completa do pensamento de Dennett, nem tampouco verificar se sua filosofia é globalmente coerente. Apresentamos uma perspectiva sobre seu pensamento que privilegia o intercâmbio com as ciências, principalmente aquelas que participam de um diálogo constante com a filosofia da mente. Ou seja, tentamos escrever um livro dennettiano sobre Dennett, na medida em que sua proposta de filosofia é uma troca constante com a pesquisa empírica sobre a cognição, uma filosofia "empiricamente informada"[4] num vai-e-vem com a psicologia, a ciência da computação e a neurociência cognitiva.

---

4 Tomo a expressão emprestada de S. Miguens, *Uma Teoria Fisicalista do Conteúdo e da Consciência*.

Finalizando esta breve introdução, quero expressar uma dívida com três comentadores cujos textos foram fundamentais na elaboração desta obra: John Symons, da University of Texas at El Paso, nos Estados Unidos; Sofia Miguens, da Universidade do Porto, em Portugal e Matthew Elton, um dos mais conhecidos comentadores da obra de Dennett na atualidade. Além desses comentadores, fui profundamente influenciado por minha convivência com Dennett no Centro de Estudos Cognitivos da Tufts University em 1995 e em 1998. Dennett impressionou-me, sobretudo, por seu grande valor humano, por sua disponibilidade, pelo seu humor e enorme entusiasmo que sempre expressou para com o desenvolvimento do conhecimento científico.

I

MENTE

O que é a mente para Dennett? Dissemos que, para ele, a mente situava-se no domínio do virtual. Afirmaremos agora que, para Dennett, nossas mentes são apenas uma interpretação do que ocorre nos nossos cérebros e se manifesta na forma de comportamentos. Conforme já sugerimos na introdução, Dennett é um antiplatonista, isto é, ele não acredita na existência de idéias ou que elas possam estar em nossa cabeça e possuir existência própria na qualidade de estados mentais. Mas, para responder melhor a questão inicial é preciso saber o que os pesquisadores da inteligência artificial à época concebiam como sendo a natureza do mental, pois eles influenciaram fortemente a filosofia dennettiana.

Em 1950, o gênio matemático e criador da ciência da computação, o inglês Alan Turing formulou a seguinte questão: Pode uma máquina pensar? Certamente a pergunta não era nova; alguém já devia tê-la formulado muito antes. Mas agora a situação era diferente, pois os primeiros computadores digitais já haviam sido construídos e alguns deles podiam realizar tarefas inteligentes, colocando em risco o mito de que a inteligência seria uma capacidade exclusivamente humana.

Turing observara que por séculos os filósofos tinham se perguntado o que é pensamento, sem, entretanto, chegar a algum tipo de conclusão. Nesta situação, dizia ele sarcasticamente, a única saída possível seria encomendar alguma pesquisa ao equivalente americano do Ibope, e traçar um perfil da opinião pública acerca de se uma máquina poderia ou não pensar. A estatística daria a última palavra. Segundo ele, melhor seria, então, mudar de estratégia: utilizar um teste para saber se uma máquina pensa ou não. E foi o que Turing fez. O teste que ele imaginou, hoje chamado "teste de Turing" consiste num jogo (o jogo da imitação) que envolve três pessoas.

As três pessoas são: uma mulher (A), um homem (B) e um interrogador (C) que pode ser de qualquer sexo. O interrogador fica num quarto separado do homem e da mulher e seu objetivo é determinar o sexo dos outros dois. Como o interrogador fica num quarto separado, ele conhece seus parceiros apenas por X ou Y e no final do jogo ele tem de dizer "X é A" (uma mulher) e "Y é B" (um homem) ou vice-versa. Para determinar o sexo de X e de Y o interrogador deve formular uma bateria de questões que terão de ser bastante capciosas, uma vez que X e Y podem mentir. Por exemplo, C pode começar perguntando: O senhor ou a senhora poderia me dizer o comprimento de seu cabelo? Se Y for de fato um homem, ele pode dar uma resposta evasiva e dizer: "Meu cabelo é ondulado, o fio mais comprido deve ter uns vinte centímetros". X também pode tentar tumultuar o jogo, despistando o interrogador com sentenças do tipo: "Ouça, eu sou o homem! Não ouça Y, ele está tentando criar confusão".

Neste jogo é preciso que os participantes fiquem isolados uns dos outros, isto é, nenhum contato que permita a identificação do sexo de X ou de Y deve ser permitido. Ou seja, C não poderá vê-los nem ouvir suas vozes. A comunicação entre C, X, e Y deve ser feita por meio de um teclado de computador e das perguntas e respostas que aparecem numa tela.

Suponhamos que em vez de um homem (B, ou, no caso, Y) o jogo esteja sendo jogado por uma máquina. É possível que C nunca venha a descobrir o sexo convencionado de Y nem tampouco perceber que não estava jogando com um ser humano e sim com uma máquina. Se essa situação ocorrer podemos dizer que a máquina passou no teste de Turing. Em outras palavras: se o comportamento lingüístico da máquina for indistinguível daquele exibido por um ser humano, não há razão para não atribuir a essa máquina a capacidade de pensar.

Um bom exemplo da aplicação do teste de Turing encontramos nas cenas iniciais do filme clássico de Ridley Scott *Blade Runner* nas quais o engenheiro Leon Kowalsky (Brion James) e a bela Rachael (Sean Young) são submetidos a uma série de questões capciosas com o objetivo de descobrir se eles são humanos ou andróides. Kowalsky, que é um andróide, não consegue responder as perguntas e, no desespero, acaba atirando em seu entrevistador. Rachael é mais habilidosa, mas sucumbe a uma questão enganadora que desvela sua natureza andróide. Tratava-se da aplicação do teste de Voight-Kampft – nome ficcional idealizado pelo autor da história, Phillip K. Dick, para um sucedâneo do teste de Turing.

Note-se que o critério proposto por Turing para saber se algo ou alguém pensa é baseado na possibilidade de *atribuição* de estados mentais a esse algo ou alguém. Seu critério é operacional, ou seja, baseia-se no funcionamento e no comportamento de um organismo ou máquina. Sendo operacional, ele evita a necessidade de discutir a natureza dos estados mentais que seriam responsáveis por quaisquer peculiaridades de comportamento. A premissa fundamental de Turing, como notamos acima, é a seguinte: se o comportamento de uma máquina for indistinguível daquele de um ser humano, não há nenhuma razão que nos impeça de atribuir a essa máquina *estados mentais*. O jogo da imitação é um caso específico, mas importante, de aplicação deste critério, ou seja, ele consiste na sua aplicação para o caso do comportamento lingüístico. A definição de pensamento para Turing é pragmática e operacional – a mesma definição que encontramos em Dennett.

É claro que, como computadores não riem, não choram, nem tampouco fazem amor, Turing baseia-se no comportamento lingüístico. Mas há várias situações que Turing não teria levado em consideração. O que aconteceria se um ser humano acidentalmente deixasse de passar no teste de Turing? Seria ele rebaixado à condição de máquina? E se um dos participantes fosse um ser híbrido, meio humano e meio máquina?[1] Haveria limites de tempo para a aplicação desse teste? Pois, como todos os participantes podem mentir, é bem provável que esse teste *não termine*, ou seja, seu resultado seria indecidível – e como uma máquina poderia rodar um problema indecidível se todos os computadores só podem rodar algoritmos (programas) finitos e decidíveis?

Aparentemente aceitar o critério de Turing para estabelecer atribuições de estados mentais seria um prato cheio para os behavioristas – pois seu critério baseia-se exclusivamente no comportamento. Mas não é esta a lição que Dennett tira do teste de Turing. Dennett não é um behaviorista. O critério operacional, para Dennett, significará que estados mentais passam a ser vistos como termos teóricos que, uma vez atribuídos a segmentos de comportamento tornam estes inteligíveis para nós. Desta perspectiva, estados mentais como "intenções", "crenças", "desejos" e todo vocabulário mentalista habitual que forma a psicologia popular (*folk psychology*)[2] podem permanecer numa espécie de limbo ontológico, ou seja, não precisamos atribuir-lhes realidade própria ou independente dos olhos de quem observa o comportamento. A atribuição de estados

> [1] Ver a respeito R. Brooks, que observa: "Primeiro haverá uma aliaça entre o material biológico e o silício, mas a geração seguinte será capaz de manipular completamente o material biológico humano. Assim, a distinção entre o que é um robô e o que é uma pessoa irá desaparecer, e começará a verdadeira fusão entre o homem e a máquina". Brooks, apud L. Santaella, *Corpo e Comunicação*, p. 30.

> [2] A *folk psychology* é uma expressão cunhada por Dennett em 1981 e designa uma teoria habitual que todos nós possuímos por meio da qual explicamos os comportamentos de outros seres humanos recorrendo às idéias comuns de "intenção", "crença", "desejo" e outros termos que compõem o chamado vocabulário mentalista.

mentais a uma seqüência de comportamentos não significa, assim, atribuir *algo mais* a esses comportamentos, mas tão somente algo que é simultaneamente compatível com eles.

Dennett segue uma linha de raciocínio parecida com a de Turing ao formular, em 1978, a idéia que será central ao longo de toda sua filosofia: o conceito de *sistema intencional*. Para Dennett a mente é uma reconstrução racional da observação das seqüências de comportamentos de um organismo ou dispositivo e, neste sentido, ela é um conceito operacional, uma construção teórica útil.

É a *folk psychology* que inaugura o conceito de mente e todo vocabulário mentalista que dele se segue (intenções, crenças, desejo, apego, assertividade) a partir do qual descrevemos aquilo que tem uma mente. Ou seja, tudo o que puder ser descrito como um sistema intencional pode ser considerado dotado de uma mente. Dennett denega, assim, uma visão realista do mental, de acordo com a qual a mente seria um viveiro de estados mentais que um dia poderia ser estudado, da mesma forma que um biólogo o faz quando põe sua lâmina sob o microscópio. Isso afasta muito a teoria de Dennett de nossa visão comum da mente e, às vezes, torna-a difícil de ser compreendida, sobretudo se levarmos em conta que a realidade do mental é algo que tomamos, supostamente, como um dado imediato.

Esse conceito chave – o de sistema intencional – percorrerá toda sua obra e é apresentado no ensaio homônimo "Sistemas Intencionais" na coletânea *Brainstorms*.

O conceito de sistema intencional é uma conseqüência de suas reflexões sobre os problemas da linguagem da psicologia. Dennett assume, inicialmente, uma posição antirealista acerca da natureza e da ontologia dos conteúdos mentais, embora não negue sua utilidade como construções teóricas ou ficções úteis.

O que é um sistema intencional? Como Turing, Dennett refez essa pergunta da seguinte maneira: O que nos leva a atribuir estados mentais a outros seres humanos se não levamos em conta sua fala e sua aparência física? Podemos atribuir estados mentais a animais e robôs? Um primeiro passo para responder a essas questões é a observação do comportamento dessas criaturas. Será que elas se comportam de maneira inteligente? Num primeiro momento atribuições de mentalidade e de inteligência parecem se confundir. Um teste interessante – embora apenas inicial – seria começar a interagir com elas e descobrir se reagem diante de situações simples, porém pouco preditíveis. Predizer o comportamento do outro é tarefa dificílima, especialmente nas situações novas para as quais a evolução não providenciou uma resposta-padrão[3].

3 Ver N. Humphrey, *Uma História da Mente.*

Para a predição do comportamento há um pano de fundo que nos serve de guia: a racionalidade. Esta parece ser a marca identificadora da presença de uma mente e de uma inteligência, o verdadeiro pressuposto em questão. Mas o que é racionalidade? Não seria ela um repertório de comportamentos a partir do qual organismos/dispositivos adquiririam a possibilidade de *variar* o curso de suas ações diante das diferentes situações – aquilo que cotidianamente chamamos de flexibilidade?

De um ser racional – de um ser provido de mente e inteligência – podemos sempre fazer uma reconstrução inteligível de suas seqüências de comportamentos. Ora, ocorre que nessa reconstrução podem aparecer algumas inflexões, alguns desvios que seriam, ainda, marcas recalcitrantes de imprevisibilidade de comportamento – uma ameaça à possibilidade de sua explicação racional. Se sabemos que uma pessoa adora sorvete, mas não o toma numa certa ocasião, mesmo quando lhe oferecem o sabor do qual ela mais gosta, temos de buscar uma explicação para isso. A explicação pode estar no fato de essa pessoa ter a crença de que o gelado vai lhe fazer mal quando está convalescendo de uma pneumonia. Temos um exemplo típico no qual temos de improvisar (e nos utilizar de) elementos intervenientes que permitam sustentar a possibilidade de reconstrução inteligível de uma seqüência de ações. Esses elementos, ou conceitos articuladores da história que precisamos montar são as intenções, crenças, desejos e outros elementos que pegamos emprestados da psicologia cotidiana ou psicologia popular. Nesse sentido, Dennett diz que intenções, crenças, desejos – e, no limite, a própria idéia de mente – são construções teóricas ou ficções úteis.

Não sabemos se às intenções, crenças, desejos etc. corresponde algum tipo de correlato neural – nunca poderemos afirmar isto cabalmente. Tampouco podemos fazer esta afirmação acerca da racionalidade, que dificilmente poderia ser vista como uma propriedade do sistema nervoso. É neste momento que, para Dennett, se inicia a *psicologia* ou, mais precisamente, a concepção de psicologia a partir da idéia de sistema intencional. *Mentes são sistemas intencionais, construções teóricas úteis que permitem a interpretação do comportamento de organismos ou máquinas.*

O sistema intencional – e com ele os elementos que o compõem, todos derivados da psicologia popular – é uma medida de nossa ignorância para prever o comportamento de organismos/dispositivos complexos. A complexidade é aqui a chave de tudo: se um animal ou robô se comportar de maneira tão complexa que para podermos montar uma explicação ou uma história de seu comportamento precisaremos lançar mão de intenções, crenças, desejos etc., é perfeitamente legítimo, no entender de Dennett, atribuir a essa criatura uma vida mental. A *folk psychology* é essencialmente uma *estratégia preditiva* e, como tal, uma grande vantagem para os organismos que a possuem. Na medida em que os seres humanos podem "lembrar", "acreditar", "conhecer" eles passam a contar com uma teoria de alto poder de predição, seja com relação ao comportamento de outros seres humanos, seja em relação ao dos animais.

Poderão animais e robôs predizer nossos comportamentos? Poderemos *nós* prever sempre o comportamento deles? Um teste mais complexo seria tentar detectar se alguns animais e robôs, ao reagirem, elaboram um modelo mental do modelo mental daqueles com os quais eles estão interagindo. Em outras palavras, se eles levam em conta as *respostas esperadas* ao predizer o comportamento do outro e reagir a ele. Num caso desses, podemos ser derrotados por um robô numa disputa por alguma coisa, mas sempre haverá uma forma de derrotá-lo também: elaborar um modelo do modelo mental, do modelo mental dele e assim por diante... Num nível "superior" a inteligência é a capacidade de um organismo ou máquina de prever a previsão do outro e basear seus comportamentos futuros nessa previsão, como numa espécie de aposta.

Se jogo xadrez com alguém, para jogar bem tenho de levar em conta as previsões que meu adversário faz acerca de minhas jogadas futuras e jogar em função dessas previsões. A função da mente ou inteligência é desenvolver a *capacidade de antecipação* da experiência futura. Tudo se passa como se a inteligência fosse uma espécie de drible de um jogador de futebol sobre outro – esta é a hipótese da chamada "inteligência maquiavélica" que encontramos implícita na teoria dos sistemas intencionais. Há vários exemplos de inteligência maquiavélica na natureza, mas talvez um dos mais interessantes seja o observado pelo filósofo J. McDowell.

Segundo McDowell, há pássaros que emitem um som quando um predador é avistado. Esse som é emitido para avisar os outros pássaros de seu bando que o perigo está próximo. Após a repetição desse comportamento sucessivas vezes, os outros pássaros passaram a fugir, mesmo quando não avistavam o predador.

Suponhamos, agora, que um pássaro emita esse som quando algum alimento é percebido, mas nenhum predador está se aproximando. O pássaro que emitiu o som pode se apossar sozinho da comida, pois o som fez com que o resto do bando fugisse imediatamente[4].

> **4** Ver J. F. Teixeira, *Filosofia da Mente e Inteligência Artificial.*

Este exemplo de McDowell mostra-nos como a dissociação entre informação, sinal, e comportamento tem um papel evolucionário fundamental na sobrevivência dos organismos. A partir dela pode-se imaginar o aparecimento de uma protolinguagem, que poderá, eventualmente, evoluir para uma linguagem mais complexa, como aquela dos seres humanos, que os coloca num nicho privilegiado no processo evolucionário. Dennett também partilha da visão de que a linguagem é um momento crucial da evolução, embora para ele haja, no processo evolucionário, um salto fundamental e irreversível entre natureza e cultura. A *folk psychology*, como deriva da inteligência maquiavélica, teria também um papel evolucionário fundamental na sobrevivência dos seres humanos. Mas quantas histórias explicativas poderiam ser montadas a partir da observação de uma seqüência de comportamentos? A resposta é: várias. A atribuição de significados pode não ser possível de um modo rigoroso e preditivo, mas ela pode, contudo, ser explicativa, uma vez que constitui um atalho que dá acesso a uma organização demasiadamente complexa (cérebro e comportamento). A variação das histórias que podemos montar sobre o comportamento de um animal, por exemplo, uma rã, ilustra o que Dennett quer dizer.

Tomemos, como exemplo, a análise do significado do elo entre estímulo e resposta e notemos em que sentido podemos construir diversas interpretações. Vejamos o famoso artigo de Lettvin e Maturana, "What the Frog´s Eye Tells the Frog´s Brain" (O Que os Olhos do Sapo Dizem ao Cérebro do Sapo). No caso de uma rã que é estimulada por uma mosca e em seguida a ingere podemos atribuir-lhe a crença de que "era uma mosca", "era uma mancha escura", "era um alimento" e assim por diante. A atribuição de conteúdo a qualquer sistema sofre de uma indeterminação muito grande, pois não poderíamos supor que as diferenças do cérebro da rã coincidissem com as diferenças de nossa linguagem. A indeterminação do significado leva à indeterminação da tradução da qual falaremos mais adiante.

Dennett não afirma que para existir uma mente é necessário pressupor uma outra que a conceba e a interprete. Mas na sua teoria dos sistemas intencionais está implícita a idéia de que a condição de existência de uma mente é que haja pelo menos uma outra mente, da mesma forma que a linguagem precisa de pelo menos dois falantes para se instaurar. Parece que Dennett, quando escreveu seus textos filosóficos, estava vislumbrando a descoberta dos chamados neurônios espelho, de que nos falam os pesquisadores Rizzolatti e Arbib[5]. Os neurônios espelho são um grupo de células

---

5 G. Rizzolate; M. Arbib, Language within Our Grasp, *Trends Neuroscience*, 21; ver também a este respeito o artigo de V. S. Ramachandran, Mirror Neurons.

localizados na parte ventral pré-motora do cérebro e que seriam responsáveis pela produção/projeção dessas antecipações futuras do comportamento humano no seu meio ambiente. Pesquisas semelhantes foram realizadas por Jeannerod[6], que mostrou existirem áreas específicas no cérebro humano que são ativadas quando sujeitos (humanos e primatas) atribuem estados mentais e comportamentos futuros a outros. Essas áreas são compostas com os chamados *neurônios espelho*, que seriam os correlatos neurais dessa atribuição, tecnicamente denominada *teoria da mente*[7]. Voltaremos a esse assunto no capítulo II.

> **6** M. Jeannerod, Neural Simulation of Action: a unifying mechanism for motor cognition, *Neuroimage*, 14.

Os estudos envolvendo o papel da *folk psychology* e da inteligência maquiavélica nos seres humanos abriram caminho para a formação de uma nova disciplina: *a inteligência artificial social*. Esta possui como finalidade o estudo da interação dos robôs com pessoas e da sua possibilidade de conviver nas sociedades não simplesmente como máquinas, mas como membros constituintes do contexto social.

> **7** A teoria da mente é nossa capacidade inata de prever/antecipar comportamentos dos outros atribuindo-lhes estados mentais. Aos autistas faltaria esta capacidade. J.-P. Changeux, *The Physiology of Truth*.

O desenvolvimento da robótica vem nos mostrando que os robôs não possuem mais "mentalidades" prontas, pré-definidas, fruto de relações matemáticas que somente permitem ao robô saber o que lhe foi inserido na memória[8]. Hoje se vislumbra um futuro no qual

> **8** E. Simões; L. Sant´Ana; A. Mian; J. de F. Teixeira, *Robôs Socialmente Inteligentes e Deficiência Física/Mental*.

os robôs têm a capacidade de aprender com o meio em que vivem, têm a capacidade de observar e de adquirir conhecimento, da mesma forma que os humanos, que ao longo dos anos, através da observação e da reflexão, têm a possibilidade de conhecer o mundo e interpretá-lo. Na mesma direção, Sal Restivo, sociólogo que trabalha no MIT (Massachussets Institute of Technology), afirma que

> máquinas eletromecânicas se tornarão suscetíveis a uma vida interna assim como os humanos se tornaram a partir do momento que eles desenvolveram a linguagem, a conversação e a percepção – isto é quando eles desenvolveram uma vida social[9].

9 Bringing Up and Booting Up: Social Theory and the Emergence of Socially Intelligent Robots, *Systems, Man and Cybernetics*, p. 2111.

Outra tarefa da inteligência artificial social é elaborar modelos de sociedades ou simulações de meios sociais para ver como os "agentes" reagem a eles. A sociologia estaria, com isto, adquirindo seu lugar ao sol, na medida em que progressivamente iria se tornando uma "ciência exata", confirmando o que um dos pais da inteligência artificial, o pesquisador Herbert Simon disse: que as ciências sociais é que são as verdadeiras "hard sciences" na medida em que os processos que elas abordam são extremamente complexos e porque nelas a experimentação é extremamente difícil.

I

É preciso agora inverter a questão colocada anteriormente: de onde surge a dificuldade de explicar comportamentos de organismos/ dispositivos complexos? Ou, em outras palavras, como podemos caracterizar uma situação de complexidade que exija o recurso a um sistema intencional? Dennett distingue três níveis de explicação de um sistema complexo: o nível físico (*physical stance*), o nível do *design* ou planejamento (*design stance*) e o nível intencional (*intentional stance*).

O nível físico (ou perspectiva física) consiste na aplicação das leis da natureza sobre o estado físico de um objeto particular. A limitação da perspectiva física se torna evidente quando, em determinados sistemas, o número de variáveis na sua constituição física é tão grande que não poderia ser capturado por nenhum método conhecido. O nível (ou perspectiva) do *design* corresponde à descrição da arquitetura desse sistema e como as peças, que se ligam umas às outras, permitem que ele funcione dessa ou daquela maneira. O terceiro nível – o intencional – corresponde à descrição que fazemos do "comportamento" do sistema, identificando neste algum tipo de racionalidade que nos permita atribuir algum tipo de predicado mental como, por exemplo, "ser inteligente".

Para melhor compreender como as três perspectivas poderiam ser utilizadas para predizer o comportamento de um mesmo sistema, Dennett utiliza como exemplo um programa de computador que joga xadrez. Adotar a perspectiva física para predizer o comportamento do computador jogando xadrez seria um trabalho árduo e inócuo. Seria preciso rastrear o efeito de um estímulo, que seria a jogada de seu oponente humano até sua conseqüência, a jogada do computador. Tratando-se de um sistema complexo, o cálculo das variáveis críticas seria quase inviável. Por outro lado, no caso de pane do *hardware*, não haveria perspectiva mais adequada que a física para identificar e solucionar o problema. No caso de funcionamento perfeito da máquina, a perspectiva de *design* ou planejamento poderia ser usada com relação ao programa rodado pelo computador, mas ainda assim seria ineficaz para prever o comportamento último do jogador de xadrez.

A perspectiva mais adequada para predizer o comportamento da máquina, no caso do jogo de xadrez, é a perspectiva intencional. Atribuem-se crenças e desejos ao computador, assumindo-o como um agente racional. Nesse sentido, é possível prever qual seria o movimento mais racional para o computador executar dado o seu "desejo" de ganhar, o seu "conhecimento" sobre as regras do jogo, sua percepção do estado atual das peças, além da crença nas habilidades e fraquezas do oponente.

É com base na eficiência da psicologia popular como estratégia preditiva que Dennett defende, mediante a teoria dos sistemas intencionais, o emprego de termos psicológicos – termos que têm sua base no cérebro, mas que não sabemos, em última instância, se podem ser reduzidos a este – na explicação do comportamento de sistemas complexos, sejam seres humanos, animais ou computadores. Prever o comportamento desses sistemas, assumir que são agentes racionais, que desejam atingir metas, que conhecem os meios para tal e acreditam nas conseqüências lógicas de suas ações é mais eficaz do que buscar respostas na composição física (o conhecimento total sobre o *hardware* de um computador, por exemplo) ou no projeto (*design*) a partir do qual foram concebidos. É nesse sentido que no final de um de seus artigos mais importantes Dennett ironiza aqueles que criticam a psicologia popular ou que julgam ser possível eliminá-la (os materialistas eliminativos), dizendo que "um esquema mais robusto do que a perspectiva intencional não seria uma impossibilidade, mas quem quiser apostar nele deveria conversar comigo primeiro para avaliar o tipo de aposta que está fazendo"[10].

> [10] D. Dennett, *Brainchildren*, p. 120.

Ora, este trecho da obra de Dennett é particularmente significativo. A adoção da perspectiva intencional pode ser vista como medida de nossa ignorância e da conseqüente incapacidade de prevermos o comportamento de um organismo ou sistema. Contudo, poderíamos, agora, formular a seguinte questão: será que o conhecimento completo desse organismo ou sistema poderia tornar seu comportamento inteligível, a ponto de podermos efetuar predições acerca de suas ações futuras a partir do nível do *design* e do nível físico? Em outras palavras, haverá uma passagem da descrição intencional do comportamento, para sua descrição em nível de *design* e deste, por sua vez, para uma descrição em nível físico? Não teria isso ocorrido na história da humanidade, quando trocamos o animismo primitivo que atribuía intenções e desejos à natureza e à atmosfera, pela explicação científica das mudanças do clima que nos é proporcionada pela física e pela meteorologia? E não seria esse, em última análise, o sonho de todo neurocientista?

Uma possível resposta a essas indagações – o que, possivelmente, Dennett nos diria – é que a psicologia popular continuará a existir pela sua grande praticidade, apesar das reduções ou mapeamentos cerebrais que se possam fazer dela. Não há dúvida de que introduzir estados mentais na construção de teorias psicológicas traz um grande ganho na sistematização dessas teorias. Este ganho tem como corolário a idéia de que, mesmo que nosso acesso a estados mentais ocorra apenas de maneira indireta, estes tornam mais fácil a explicação do comportamento do que o recurso à história de reforçamento do indivíduo (como querem os behavioristas), ou ao estudo minucioso de seu cérebro. Ou seja, a mediação de estados mentais torna-se necessária para a predição do comportamento. O intensional, ou mental, veio para ficar.

Mas ainda enfrentamos um problema mais complexo: reduzir a perspectiva intencional à perspectiva física significa apostar na possibilidade de reduzir o intensional ao extensional, o que, na introdução, vimos ser algo impossível no entender de Dennett e de seu mestre Quine. Nem mesmo encontrar uma mesma área cerebral, que cintile todas as vezes ao ocorrer uma intenção ou uma crença num determinado organismo, significaria que teríamos reduzido o intensional ao extensional. Pois nem mesmo nesse caso teríamos encontrado a univocidade de tradução entre vocabulário psicológico e vocabulário neurológico.

Dennett não descarta a possibilidade de que possamos atribuir intenções, crenças e desejos a um computador ou a um robô que não possua um cérebro biológico como o nosso. Atribuir intenções, crenças e desejos a um sistema complexo não pressupõe que ele seja dotado de um substrato físico específico; este substrato pode variar desde nossa neurofisiologia até os mais diversificados *hardwares* de computador. Essa é a chamada perspectiva funcionalista – que vigorou nos anos de 1970 – e é nesse sentido que a filosofia da mente de Dennett foi muito bem recebida pelos pesquisadores da inteligência artificial, ou seja, pela aposta na possibilidade de construir dispositivos inteligentes com material e arquitetura distintos da composição físico-biológica do cérebro humano.

Uma noção intuitiva, mas ao mesmo tempo precisa, do que é o funcionalismo nos é proporcionada por Haugeland[11]. Ele nos convida a considerar o que está envolvido em um jogo de xadrez: se são as regras do jogo e a posição das peças no tabuleiro ou se é o material, tamanho etc. de que é feito. Certamente são as regras e a posição das peças. Pouco importa se o bispo e o cavalo são feitos de madeira ou de

> [11] J. Haugeland, Pattern and Being, em B. Dahlbom (ed.), *Dennett and his Critics*.

metal, se o tabuleiro é grande ou pequeno. Em outras palavras, o jogo de xadrez tem uma realidade independente do material que utilizamos para fazer as peças e o tabuleiro. Mas não haveria jogo de xadrez se não dispuséssemos de *algum material* para representar o tabuleiro, as peças, e as regras. Não podemos suprimir inteiramente o material com o qual construímos um tabuleiro e suas peças, mas podemos *variá-lo* quase indefinidamente. Ademais, as regras e estratégias do xadrez não serão redutíveis ao marfim se as peças forem desse material, tampouco ao plástico se elas forem de plástico e assim por diante[12].

12 Ver J. de F. Teixeira, *Mente, Cérebro e Cognição*, p. 124.

Façamos agora uma analogia entre jogo de xadrez e a mente. A idéia do funcionalista é que a mente não se reduz ao cérebro, da mesma maneira que no jogo de xadrez as regras e estratégias não se reduzem à composição físico-química do tabuleiro e das peças. O cérebro instancia uma mente, mas essa não *é* o cérebro nem se reduz a ele. Podemos agora perceber por que os pesquisadores da inteligência artificial apoiaram o funcionalismo, pois se tratava de apoiar a possibilidade de replicação mecânica de segmentos da atividade mental humana por dispositivos que não têm a mesma arquitetura nem a mesma composição biológica do cérebro.

O aspecto mais interessante do funcionalismo é sua característica não-reducionista, do qual podemos derivar a chamada tese da múltipla instanciação (*multiple realizability*). De acordo com esta tese, dois computadores podem diferir fisicamente um do outro, mas isso não impede que eles possam rodar o mesmo *software*. Inversamente, dois computadores podem ser idênticos do ponto de vista físico, mas realizar tarefas inteiramente distintas se o *software* for diferente. A mesma analogia vale para mentes e organismos: um mesmo papel funcional, que caracteriza um determinado estado mental, pode se instanciar em criaturas com sistemas nervosos completamente diferentes. Um marciano pode ter um sistema nervoso completamente diferente do meu, mas se ele puder executar as mesmas funções que o meu, o marciano terá uma vida mental igual à minha. Como dissemos, isto é uma conseqüência do materialismo não-reducionista: um rádio (*hardware*) toca uma música (*software*); a música e o aparelho de rádio são coisas distintas, irredutíveis uma a outra, embora ambas sejam necessárias para que possamos ouvir música. Nunca poderemos descrever o que o rádio está tocando através do estudo das peças que o compõem.

O materialismo não-reducionista dos funcionalistas leva-os a defender um tipo especial de teoria da identidade entre mente e cérebro chamada de *token-token identity*. A *token-token identity* sustenta que *alguma* instância de um tipo mental é idêntica a *alguma* instância de um tipo físico, sendo que este pode ser o sistema nervoso de um ser humano, de um marciano ou o *hardware* de um computador. Nesse sentido, o funcionalismo é uma espécie de materialismo/fisicalismo minimalista, no qual diferentes tipos de estados físico-químicos podem manifestar um mesmo estado psicológico.

Esta é, como vimos, a tese da múltipla instanciação, a qual tem dupla mão: diferentes estados psicológicos podem ser manifestados por um mesmo tipo físico-químico. Voltaremos a falar do materialismo *token-token* na conclusão.

2

Já no seu primeiro livro, publicado em 1969, Dennett afirmava:

> Quanto mais espaço houver para a mediação e a complexidade, mais potencialmente inteligente será uma criatura, mas, também, mais difícil será encontrar evidência detalhada de que esta inteligência, em casos particulares, se deve a esta ou àquela característica de sua organização neuronal[13].

13 Ver D. Dennett, *Content and Consciousness*, p. 81-82.

Isso é, se um neurocientista quiser estabelecer a referência para um termo como "intenção", "crença" ou "desejo" ele estará enfrentando o problema de elaborar um manual de tradução entre termos psicológicos e termos da neurociência. O problema que o neurocientista enfrenta é o da inescrutabilidade da referência. No cérebro não encontramos nada similar a intenções, crenças e desejos; apenas neurônios, sinapses e tempestade elétrica. Se observarmos uma área do cérebro que cintila quando alguém diz estar tendo uma intenção ou desejo podemos *atribuir* a ela o papel de substrato físico dessa intenção ou desejo, mas não há nada nela que nos permita *identificar* uma intenção ou desejo. Dennett julga que essa tradução, em termos de uma correspondência biunívoca entre termos é impossível. Nisso ele segue seu mestre Quine, que formulou a tese da indeterminação da tradução.

Para mostrar a impossibilidade de determinação das intensões ou significados de palavras ou de sentenças, Quine constrói o exemplo da tradução radical. Ele propõe que se imagine um lingüista que desembarca em território alienígena e que tem como tarefa traduzir uma língua completamente desconhecida para o seu idioma, por exemplo, para o inglês. Embora convivendo com os falantes da língua desconhecida, o único critério seguro do qual nosso lingüista dispõe é a observação do comportamento verbal dos nativos frente a certas situações. Contudo, a observação do comportamento verbal permite ao lingüista elaborar mais de um manual de tradução. O lingüista pode, em princípio, escolher qual o manual que ele considera mais útil à tarefa da tradução, mas nunca encontrar um critério final para decidir qual deles é o verdadeiro.

A tradução permanece indeterminada devido à *inescrutabilidade da referência* de termos de uma língua. Por exemplo, não é possível determinar exatamente a referência de um termo, como, por exemplo, "Gavagai", usado pelos nativos quando esses observam um coelho, pois, apesar de, em um manual, ser possível traduzir o termo por "coelho", seria concebível criar um manual de tradução no qual o termo "Gavagai" fosse traduzido por "parte de um coelho" ou "a mosca que fica em cima do coelho". Isso leva Quine a duas conclusões. Em primeiro lugar, que o lingüista não pensa em "significados" ao elaborar manuais de tradução, mas, sim, baseia-se na observação do comportamento dos falantes nativos (método *behaviorista*). Em segundo lugar, que é possível determinar situações nas quais os falantes pronunciariam a palavra "Gavagai" ou uma sentença contendo esta palavra, mas não é possível traduzi-la univocamente porque – como já dito acima – a referência é inescrutável.

Mas terá o sonho da tradução do mental para o físico sido abandonado? Provavelmente não. Existe uma idéia freqüente – ou será um mito? – disseminado entre os neurocientistas de que algum dia poderemos decifrar o código cerebral (ou neuronal) e, com isso, saber o que uma pessoa estaria pensando num determinado momento. Esta idéia aparece de modo difuso em alguns filmes de ficção científica, onde um cérebro humano é mantido vivo numa proveta, imerso em nutrientes e, através de eletrodos cuidadosamente colocados em algumas de suas partes e conectados a um computador poderíamos "ler" os pensamentos que ocorrem nesse cérebro. Poderíamos também nos comunicar com ele através de um teclado ligado ao computador, neste caso, fazendo a operação inversa, qual seja, a de "escrever" novos trechos de código cerebral.

14 Ver a coletânea *Brainstorms*.

Num artigo publicado em 1981[14] Dennett, com seu habitual humor sarcástico, ridiculariza estas idéias, afirmando que os neurocientistas, ao nutrirem tais esperanças, teriam se tornado neurocriptógrafos e seu grande projeto seria construir uma estranha máquina, o cerebroscópio, que poderia ler e decifrar o código cerebral. O cerebroscópio, entre outras utilidades, seria a ferramenta privilegiada da polícia do futuro. Em vez de perder tempo com longos interrogatórios e acareações de suspeitos, bastaria escanear seus cérebros para descobrir quem teria sido o verdadeiro criminoso. Ainda com o mesmo humor sarcástico, Dennett observa que decifrar o código cerebral para ter acesso às lembranças de alguém, equivaleria a tentar reconstituir o cardápio de todas as refeições que essa pessoa ingeriu desde a data de seu nascimento a partir de uma operação que abrisse e observasse as paredes de seu estômago. Ou, em outras palavras: o cérebro não é um museu infinito de lembranças. Da mesma maneira que não existe um museu de significados, como nos diz Quine, Dennett não acredita na existência de um museu de estados mentais que teriam existência própria e poderiam ser identificados e individualizados.

Embora ridicularizadas por Dennett, estas idéias ganharam nova força na última década por dois motivos: em primeiro lugar, o avanço no mapeamento das funções cognitivas no cérebro através da neuroimagem; em segundo, por causa do aparecimento da biocomputação e, com esta, a tecnologia de implantes de nanochips no tecido cerebral. Será então que estamos diante de uma ficção ou de uma possibilidade aberta, que poderia vir a ocorrer num futuro não muito distante? Examinemos, em primeiro lugar, o que seria a biocomputação e como ela possibilita novas interfaces entre o cérebro e nanocomputadores.

A idéia de biocomputação tem início a partir dos trabalhos do biólogo e cientista da computação L. Adleman. Ele estudou a replicação das moléculas de DNA no final da década de 1960, verificando que a principal responsável pelo processo

é uma enzima que "lê" as "letras" químicas que especificam a informação genética contida em uma molécula de DNA. O "alfabeto" do DNA é composto de quatro "letras" representadas por quatro diferentes "bases", ou seja, fragmentos moleculares que estão dispostos seqüencialmente ao longo do DNA. As bases são conhecidas pelas suas iniciais A (adenina), T (timina), G (guanina) e C (citosina).

As duas cadeias que compõem uma molécula de DNA são mantidas juntas pelas ligações entre essas bases. A se liga com T, enquanto G se atrai por C. Quando A se encontra em certo ponto de uma cadeia de DNA, pode-se supor quase certeiramente que haverá um T no ponto correspondente da outra cadeia e vice-versa. Quando a célula vai se dividir as duas cadeias de DNA separam-se, e a enzima de leitura começa a montar uma nova cadeia complementar a partir de cada uma das cadeias originais. A enzima se move ao longo da cadeia, lendo as bases uma por uma. Se a enzima lê um C na cadeia original, "escreve" um G na cadeia que está sendo montada.

Se a enzima encontra um A ela acrescenta um T à nova cadeia[15].

15 T. Siegfried, *O Bit e o Pêndulo*, p. 98.

Estamos então diante de um dispositivo de leitura que se move ao longo de uma cadeia de símbolos, lendo e em seguida escrevendo algo que dependia do que tinha lido. Adleman então teve a intuição de estar diante de uma versão biológica da máquina de Turing. Toda vida celular envolve a transformação de entradas em saídas e é isso que os computadores fazem. Ou seja, a célula viva é um extraordinário processador de informações.

A computação por DNA funciona bem para tarefas que envolvem experimentar várias possibilidades, para encontrar uma que resolva melhor o problema do qual se está tratando. A linguagem do DNA, apoiada em seqüências de bases, permite todos os tipos de edição química. Algumas moléculas são capazes de cortar as cadeias de DNA em locais específicos; outras, de unir dois segmentos de DNA. Assim, é possível fazer com que cadeias específicas de DNA representem certas grandezas e usar moléculas para realizar computações. Se as reações químicas forem executadas corretamente, a resposta do problema aparecerá na forma de uma nova molécula de DNA. Ou, em outras palavras, as reações que ocorrem nas operações com moléculas de DNA correspondem às operações lógicas e aritméticas necessárias para resolver problemas computacionais, embora tais operações possam produzir, ocasionalmente, alguns erros, que, do ponto de vista estatístico, são pouco significantes.

Num primeiro momento, Adleman usou segmentos de DNA para representar cidades no clássico "problema do caixeiro viajante". A idéia deste problema é descobrir o menor percurso que permita a esse pobre diabo visitar várias cidades passando apenas uma vez em cada uma delas. Quando o número de cidades aumenta e se aproxima, por exemplo, de cem, o problema vai ficando cada vez mais difícil, tornando-se, em alguns casos, impossível de ser resolvido. Podemos encontrar um percurso que passe por todas as cidades, mas não há como garantir que se trata do caminho mais curto.

Adleman tentou resolver o problema do caixeiro viajante para testar o poder da computação por DNA. Partindo de um problema inicial com apenas sete cidades, ele colocou em um tubo de ensaio um pouco de DNA para cada cidade e para cada trajeto. Em segundos todas as combinações possíveis de DNA apareceram. Esta era uma prova de que a computação com DNA poderia resolver problemas difíceis.

Após esse sucesso inicial, outros pesquisadores experimentaram diferentes técnicas de computação usando DNA. Uma das abordagens usa o DNA para fabricar portas lógicas. Ligando diferentes portas lógicas é possível resolver vários tipos de problemas. Este foi o caminho seguido por A. Ray e M. Ogihara da universidade de Rochester. Cadeias de DNA de diferentes comprimentos representam entradas e saídas. Combinar dois segmentos de DNA para formar um segmento mais longo é o equivalente da operação lógica E (AND).

Como ressalta Siegfried: "os experimentos realizados em Rochester revelam o tipo de versatilidade que, talvez, um dia, permita ao DNA desafiar os supercomputadores de silício. A força do DNA está na força dos números; usando segmentos de DNA com apenas quarenta bases é possível construir o equivalente a um trilhão de portas lógicas"[16].

16 Ver T. Siegfried, op. cit., p. 114.

Os biólogos têm concebido o DNA como análogo biológico de um disco rígido e as proteínas como análogos biológicos dos microprocessadores e das portas lógicas[17]. O DNA é o meio de armazenamento da célula e as proteínas a memória principal, o lugar onde são realizados os cálculos. Ademais, as proteínas podem alternar entre duas formas possíveis, imitando os zeros e uns da linguagem dos computadores. Para representar "1" a proteína assume a forma ativa e a reação ocorre, para representar "0" a proteína assume a forma inativa e a reação deixa de ocorrer.

17 As portas lógicas são circuitos através dos quais se materializa a atividade mental concebida sob a forma de operações lógicas. Elas são uma espécie de "encarnação" da lógica.

Grandes circuitos de proteínas podem ser usados para computar a resposta de uma célula a várias situações. Um sinal produzido por um receptor na membrana da célula pode iniciar uma reação em cascata que resulta no envio de moléculas para o interior do núcleo. Essas moléculas podem ativar genes e assim instruir a célula para produzir novas proteínas em resposta a um sinal do mundo exterior. Uma mudança nas informações a respeito do mundo exterior (entrada) resulta em uma mudança na química da célula e, portanto, em sua resposta (saída).

Nesse sentido, as células apresentam várias propriedades em comum com os computadores. Estes recebem informação e as transformam em sinais que controlam algum tipo de comportamento, podendo ser simplesmente o comportamento da tela do monitor, mas também o comportamento de um aparelho controlado pelo computador. Isto significa que neurônios podem ser ligados a nanochips e estes poderiam funcionar da mesma forma que os mecanismos de *neurofeedback*. Estes são dispositivos de reconhecimento e ampliação de padrões que, através de sensores de eletroencefalograma aplicados ao crânio, registra mudanças nas ondas cerebrais e as transforma num meio que possa ser diretamente percebido, sob a forma de tons de áudio ou cores, em uma tela de computador. Quando o cérebro muda de um estado para outro, o tom ou imagem muda.

Ora, não poderíamos então imaginar um conjunto de nanochips que, acoplado, por exemplo, às áreas visuais do cérebro "lesse" o código cerebral e o transformasse em imagens numa tela de computador? Ou, se acoplado a outras áreas, "lesse" as computações executadas no interior dos neurônios e nos desse acesso aos conteúdos mentais de uma pessoa – o cerebroscópio do futuro?

Se a vida pode ser entendida como um processo computacional faria sentido imaginar que esses nanochips poderiam atuar como transdutores que permitiriam a interpretação do código cerebral, transformando-o num conjunto de símbolos (imagéticos ou lingüísticos). Mas, como Dennett observa, a situação que enfrentamos é a mesma do lingüista de campo ou do extraterrestre, que pensa poder compreender nossa linguagem detectando apenas sua sintaxe e alguns dos comportamentos correspondentes a algumas palavras. Haveria, contudo, um conjunto de histórias possíveis ou códigos correspondendo a vários tipos de interpretação sem que pudéssemos decidir qual delas é a correta.

Nesse sentido, a "leitura" do cérebro não é algo apenas tecnologicamente distante no entender de Dennett. É algo rigorosamente impossível. Para se ter uma idéia da dificuldade que estamos enfrentando basta imaginar que temos um computador executando um determinado programa e que a uma certa altura resolvamos reduzir o programa à linguagem de máquina[18]. Se alguém quiser reconstruir o programa que estava sendo rodado a partir da linguagem de máquina encontrará dificuldades para fazê-lo na medida em que poderá haver uma ou mais linguagens de alto nível compatíveis com a mesma linguagem de máquina.

A dificuldade poderá ser ainda maior se imaginarmos dois computadores rodando linguagens diferentes e simulando duas situações incompatíveis, mas exibindo a mesma linguagem de máquina após um processo de

18 O que é linguagem de máquina? É um programa que usa diretamente bits 1 e 0. Os microprocessadores (inclusive o Pentium) percebem somente sinais elétricos, distinguindo-os em duas categorias: nível alto "high" H, tensão elétrica alta, e nível baixo "low" L, tensão elétrica baixa (para os dois níveis também existem especificações de corrente elétrica). Qualquer comunicação com o microprocessador precisa ser reduzida exclusivamente a esses dois sinais. O primeiro passo é associar H com *bit* 1 e L com *bit* 0, a seguir elaborando códigos lógicos binários baseados nestes dígitos 1 e 0.

compilação. Não seria impossível que, apesar da identidade em termos de linguagem de máquina, uma esteja sendo usada para simular a guerra no Iraque e outra para simular um jogo de xadrez. No caso do cerebroscópio chegamos então a uma situação realmente estranha: um mesmo conjunto de estados de *software* e de *hardware* corresponderia a conjuntos inteiramente distintos de conteúdos mentais. O cerebroscópio torna-se, assim, um instrumento inútil, mesmo se acoplado a outros tipos de dispositivos transdutores. Com ele, sepulta-se o sonho da neurocriptografia. Em outras palavras: apesar de Dennett sempre ter se declarado encantado com as realizações da vida artificial – esse imenso programa de simulação de funções vitais através de programas de computador – ele não aposta na possibilidade de que esse tipo de abordagem aos processos vitais possa abrir as portas para a leitura e a interpretação do código cerebral.

3

Mas, afinal, o que seria essa *folk psychology* de que tanto falamos até agora, esse vocabulário mentalista infiltrado no nosso cotidiano? Será algo real, que corresponda a algum tipo de circuito cerebral? A questão é saber se esses estados intencionais atribuídos são representações internas, isto é, se à perspectiva intencional corresponde algo na mente (ou no cérebro).

No seu primeiro livro, publicado em 1969, o *Content and Consciousness* (Conteúdo e Consciência), Dennett defendeu a idéia de que à psicologia popular não corresponderia nada físico, ou seja, nenhum tipo de referente e, portanto, o vocabulário mentalista não teria, tampouco, qualquer papel causal na determinação do comportamento dos organismos. Buscar os referentes da psicologia popular seria tão insensato quanto buscar o referente de "triz" na expressão "por um triz"[19]. Num trecho instigante desse seu livro ele afirma que "a história da vida mental de uma pessoa não pode ser mapeada com precisão na história de eventos no corpo da pessoa, nem tem a história cotidiana qualquer precisão de si própria"[20].

> **19** Ver F. G. Magalhães, *O Realismo Moderado de Dennett como Uma Alternativa para o Problema Ontológico do Mental.*
>
> **20** D. Dennett, *Content and Consciousness*, p. 190.

Já no livro *The Intentional Stance*, publicado em 1987, Dennett defende outra posição. As entidades da psicologia popular seriam puramente instrumentais. Esta visão instrumentalista recebeu vários tipos de críticas e teve de ser revista alguns anos mais tarde. A maioria dessas críticas concentrou-se na idéia de que para Dennett a vida mental não existiria e a *folk psychology* seria uma mera ilusão. Ele seria um *interpretacionista* e um *relativista*. Dores, sonhos, *qualia*[21], causação mental, são pesadelos e dores de cabeça para o anti-realista e instrumentalista. A dificuldade já estava pressentida no artigo "Por que não Podemos Construir um Computador que Sinta Dor", publicado

> **21** *Qualia* são sensações intrínseca e indescritivelmente subjetivas, como, por exemplo, o gosto do sal.

em 1981. Dores são um problema particularmente difícil. Os paradoxos começam a surgir quando refletimos: se, por um lado, não há um estado cerebral intrinsecamente dolorido e nem propriedades dele que nos remetam ao sentimento de dor, tampouco podemos descrever dores comportamentalmente. Atribuir dores a alguém está muito distante do fato de esse alguém ter sensações de dor.

Essa tendência está presente também no seu artigo "Sistemas Intencionais" no qual ele afirma que

> dúvidas persistentes sobre se o computador que joga xadrez realmente tem crenças e desejos são mal colocadas; pela definição de sistemas intencionais que eu tenho dado não se pode dizer que eles realmente têm crenças e desejos, mas que se pode explicar e predizer seu comportamento atribuindo-lhes crenças e desejos[22].

22 D. Dennett, *Brainstorms*, p. 7.

Contudo, o problema de natureza ontológica dos termos mentalistas persistiu como pano de fundo da filosofia da mente de Dennett: afinal, o que são essas entidades? Ou seja, que tipo de existência elas têm? Não podemos atribuir a elas uma existência puramente mental, pois isso seria o mesmo que fazer a filosofia de Dennett incorrer no dualismo, o que seria, para ele, uma visão inadmissível. Por outro lado, se essas entidades tiverem correlatos neurais ficamos numa posição igualmente difícil: em vez de serem instrumentos de explicação – ficções úteis ou construções teóricas abstratas – eles ganhariam uma realidade mental ou cerebral. E como algo pode ser uma ficção útil e ao mesmo tempo ser real? Ou melhor: que tipo de realidade será então a da psicologia popular?

A pergunta torna-se ainda mais difícil de ser respondida se considerarmos o que vimos acima, ou seja, que encontrar esses correlatos não permite, *per se*, encontrar a tradução unívoca do mental para o cerebral ou vice-versa, ou seja, reduzir o intensional ao extensional. Se não há correlação biunívoca entre estados mentais e estados cerebrais não seríamos obrigados, no caso da psicologia popular, a atribuir a suas entidades uma ontologia diferente que as aproximaria mais do mental do que do cerebral? Onde habitam todas essas traduções possíveis se não há apenas uma que corresponda à redução das entidades a um substrato cerebral específico? Como conciliar o uso de termos intencionais da *folk psychology* com um materialismo que afirma a existência de uma realidade única, descritível em termos extensionais? Essa é a tarefa que Dennett empreende no seu ensaio "Real Patterns" (Padrões Reais) publicado em 1991[23].

> **23** Este ensaio foi republicado em *Brainchildren*.

Para superar esses obstáculos, Dennett desenvolve a idéia de que os termos da psicologia popular estão a meio caminho entre realismo e instrumentalismo. Eles se referem a *padrões reais* no mundo. Essa é uma idéia compatível com o instrumentalismo e com o realismo, pois a realidade dos padrões depende da perspectiva adotada em relação ao objeto. O modo pelo qual Dennett supera o impasse é através da noção de *abstracta*, isto é, complexos redutíveis a coisas concretas. Exemplos de *abstracta* são "batalhão de soldados" ou "corpo diplomático" – elementos concretos organizados de uma maneira específica. Chegamos, assim, a um realismo moderado, que é a posição final de Dennett.

De acordo com o realismo moderado, crenças e desejos são como centros de gravidade, ou como o trópico de Capricórnio – ferramentas virtuais que permitem simplificar o comportamento de sistemas extremamente complexos. Por exemplo, um astrônomo poderia conceber o movimento de um planeta em termos do movimento de um ponto no espaço, ou seja, seu centro de gravidade. Este centro de gravidade, contudo, não está efetivamente "dentro" do planeta; ele é um artefato teórico que possibilita uma economia de cálculos na hora de traçar a órbita desse planeta. Em outras palavras, crenças, intenções etc. são como esse centro de gravidade: entidades que existem, mas não com uma ontologia idêntica à dos objetos físicos.

Os termos da psicologia popular são *abstracta* que condensam e permitem predizer padrões de comportamento. Os comportamentos dos organismos, embora não inteiramente previsíveis, oscilam entre mudanças abruptas e regularidades. E é a partir da detecção destas últimas que tentamos torná-los menos imprevisíveis. Os padrões existem, são reais mesmo se não forem percebidos, mas tornam-se perceptíveis à medida que entramos em contato com eles. É assim que se forma a psicologia popular, na qual seus elementos funcionam como verdadeiros *algoritmos de compressão*, a partir dos quais podemos apreender rapidamente os padrões ou regularidades do comportamento.

O que é um algoritmo de compressão? Esta noção nos remete imediatamente à idéia de um sistema complexo. E como podemos definir sistema complexo? A complexidade de um sistema está relacionada com o tamanho da mensagem usada para descrevê-lo. Para medi-la podemos usar um computador e contar o número de *bits* que essa mensagem ocupa na sua memória. Por exemplo, para uma mensagem que contenha 200 *bits* de informação, como esta,

```
11111111111111111111111111111111111111111111111111
11111111111111111111111111111111111111111111111111
00000000000000000000000000000000000000000000000000
00000000000000000000000000000000000000000000000000
```

pode ser gerada por um programa de computador simples como:

```
Para x=1 até 100 imprima 1
Para x = 101 até 200 imprima 0.
Pare.
```

Esse programa funcionaria como um algoritmo de compressão de que nos fala Dennett. Intenções, crenças e desejos são algoritmos de compressão que condensam enormes quantidades de padrões de comportamentos possíveis.

Seres humanos são sistemas adaptativos complexos. Aliás, os seres vivos em geral são sistemas complexos. Muitos produtos humanos também são sistemas complexos, como é o caso da linguagem e da economia. Mais ainda, o que caracteriza os sistemas adaptativos complexos é a capacidade de processar e condensar informações para produzir *abstracta*, onde se condensam as experiências do organismo para estabelecer planos de ação no seu meio ambiente. Codificando apenas as regularidades, um *abstractum* pode conter uma descrição condensada de fenômenos complexos, permitindo que um sistema adaptativo complexo se adapte às regularidades do ambiente.

A aleatoriedade absoluta é muito rara na natureza. Quase todas as mensagens que descrevem a realidade podem ser comprimidas, já que a grande maioria dos fenômenos apresenta uma certa regularidade. Um sistema adaptativo complexo depende das regras criadas para condensar informações a respeito das regularidades da natureza. Os seres humanos dispõem de bons *abstracta* e, por isso, podem fazer previsões melhores das conseqüências de seus atos e, portanto, têm maior probabilidade de sobreviver. É esta a vantagem adaptativa que a *folk psychology* nos proporciona.

II

CONSCIÊNCIA

Os anos de 1960 e 70 assistiram a um impressionante desenvolvimento da inteligência artificial. Programas computacionais para executar tarefas que requeriam inteligência, tais como efetuar cálculos de engenharia ou jogar xadrez, tiveram grande sucesso. Estes programas, embora imitando a mente humana em muitos aspectos, em nada podiam contribuir para explicar sua característica distintiva, qual seja, a consciência – a capacidade de decidir, deliberar, de saber o que se está fazendo ou até mesmo de sentir.

A ficção científica dessa época estava povoada de "máquinas que se tornaram conscientes" como o célebre HAL do filme *2001: Uma Odisséia no Espaço* ou a rede Skynet do filme *O Exterminador do Futuro* que se tornou autoconsciente no dia 15 de agosto de 1997. Máquinas conscientes estavam – e ainda estão – distantes de nosso horizonte tecnológico. Talvez esse nunca tenha sido *de fato* o objetivo dos pesquisadores da inteligência artificial. Inteligência e consciência não precisam caminhar, necessariamente, lado a lado. Um bebê de seis meses, por exemplo, tem um sistema imunológico capaz de reconhecer e controlar o vírus da catapora. Esse reconhecimento ocorre em nível totalmente celular, não temos nenhuma consciência do vírus da catapora[1]. O vírus da AIDS, por exemplo, muda de forma toda vez que é atacado, num comportamento que pode ser classificado como inteligente, mas não haveria muito sentido em atribuir consciência a ele ou a qualquer outro vírus.

Um computador pode selecionar padrões musicais, mas dificilmente poderíamos dizer que ele aprecia música[2]. Para a filosofia da mente, entretanto, elaborar uma teoria da consciência que levasse em conta os novos horizontes tecnológicos era um vácuo a ser preenchido. Era preciso saber se a partir da perspectiva funcionalista seria possível derivar uma teoria da consciência.

No seu livro *Consciousness Explained* (Consciência Explicada), publicado em 1991, Dennett empreende esta tarefa e expõe os delineamentos de sua teoria geral da consciência. Em 2005, no livro *Sweet Dreams* (Sonhos Doces), Dennett reafirma as principais posições esboçadas no início da década anterior e procura responder a várias objeções filosóficas à sua teoria da consciência acumuladas ao longo dos anos.

Sua teoria da consciência é, na verdade, uma teoria da natureza do *pensamento*. Consciência não se sobrepõe reflexivamente ao pensamento, um andar superior ou um "pensamento sobre o pensamento" e que exigiria, por sua

---

[1] Este exemplo é tomado de S. Johnson, *Emergência*, p. 75.

[2] Idem, p. 95. Faço a mesma observação em meu livro *Filosofia e Ciência Cognitiva*, afirmando que não é objetivo da simulação da inteligência a replicação dos *qualia*.

vez, um "pensamento sobre o pensamento sobre o pensamento" levando-nos a um regresso infinito. Explicar a natureza da consciência é explicar como se formam conteúdos mentais, ou seja, a experiência consciente é imanente ao próprio pensamento.

Neste sentido, a consciência à qual se refere Dennett é nossa capacidade de elaborar narrativas acerca do que está ocorrendo em nossas mentes (ou cérebros). Esse tipo de consciência é exibido apenas por cérebros complexos como os de seres humanos e difere da consciência entendida como deliberação ou "saber o que se está fazendo". Este segundo tipo de consciência equivale ao controle de comportamento, como quando, por exemplo, afirmamos que "o cão que estava correndo desviou-se da árvore para não bater nela". Claro que neste sentido podemos dizer: "o cão tinha consciência de que havia uma árvore no seu caminho", mas não é neste sentido elementar de emprego da noção de consciência que Dennett está interessado. A consciência como elaboração de narrativas é muito mais interessante, entre outras coisas, pois ela permite, em algumas situações, a escolha do que fazer em seguida, o que não ocorre com o comportamento controlado.

Vejamos, agora, como Dennett propõe sua teoria da consciência como narrativa do que ocorre na mente. Em primeiro lugar, é preciso fazer duas observações. Como bom discípulo de Ryle, Dennett faz uma des-construção dos mitos cartesianos. É preciso investir contra a idéia de unidade da consciência, uma herança que se originou de um dos principais argumentos de Descartes em favor do dualismo, qual seja, o da natureza indivisível do pensamento por oposição à divisibilidade infinita da matéria (*res extensa*). A mente seria una e simples por ser essencialmente indivisível. Contrariamente a essa visão, Dennett propõe que somos uma coleção de vozes tagarelando na nossa mente ou um viveiro de histórias fragmentadas.

No mundo contemporâneo, o sucedâneo da visão cartesiana seria a busca de um lócus da consciência no cérebro ou num subsistema deste – uma investigação que nas últimas décadas tem motivado grande parte da pesquisa neurocientífica, tornando-a, em grande parte, uma busca ingênua por uma quimera[3]. Aquilo a que chamamos de consciência pode não ser mais do que uma construção teórica ou hipotética, que atribuímos a outros organismos ou máquinas ao observar seu comportamento complexo. Dessa perspectiva deflacionária, tentar encontrar os correlatos neurais da consciência não faz sentido, nem tampouco tentar construir uma teoria específica da consciência que fosse algo mais do que uma teoria da mente propriamente dita ou de como a mente comenta a si mesma, fabricando narrativas.

Se não há um lócus da consciência no cérebro, tampouco há uma agência controladora central de qualquer natureza ou algum "grande coordenador" que conferiria à consciência uma unidade. É preciso também dissociar a idéia de consciência da noção de um pano de fundo (um

> **3** A isto Dennett chamou de "materialismo cartesiano".

teatro cartesiano ou uma *mídia*), sobre o qual se inscreveriam as experiências conscientes (conteúdos mentais). Não existe esse pano de fundo. A consciência é simplesmente a coleção de experiências conscientes.

Com isso Dennett opta por um modelo descentralizado para explicar a natureza da consciência – e essa é uma das novidades que ele introduz no mundo filosófico. Pois sua teoria contradiz a idéia de um "eu-penso" que acompanharia e unificaria as nossas experiências conscientes, como queria, por exemplo, Kant. Ao destituir o administrador central, Dennett está atacando também uma série de ilações caras a psicólogos e psicanalistas que, partindo do modelo centralizador, criaram correlações entre o unificador do psiquismo, pai, Estado e finalmente Deus – ou o Deus-pai.

I

Podemos agora começar a montar a teoria dennettiana da consciência. Na primeira parte de seu livro, Dennett nos introduz àquilo que ele chama de uma *teoria empírica da consciência*. O ponto de partida dessa teoria é um modelo cognitivo chamado *pandemonium*, desenvolvido na década de 1950 por Oliver Selfridge, um pesquisador do MIT (Massachussets Institute of Technology). Selfridge queria desenvolver um modelo para ensinar um computador a aprender – o que era ainda inusitado naquela época quando os computadores apenas recebiam passivamente a informação dada e a processavam a partir de um conjunto de regras de cálculo. *Pandemonium* significa "todos os demônios" e foi o nome que Selfridge atribuiu ao seu novo *software* capaz de reconhecer padrões mal definidos ou inconstantes.

Este *software* inaugurou um novo paradigma ou novo modelo na ciência da computação, concebendo a inteligência de forma distribuída e não unificada por algum tipo de coordenador central. Ou seja, em vez de haver um programa único, há um conjunto de miniprogramas, os demônios. Um exemplo de como funciona o *software* de Selfridge

> seria um sistema com 23 demônios, cada um deles treinado para reconhecer uma letra do alfabeto. Uma série de palavras é mostrada aos demônios e cada um "vota" em cada letra que representa sua escolhida. Se a primeira letra for "a" haverá um demônio que informa ter reconhecido um "a". O reconhecedor do "o" pode ficar em dúvida e os do "b", "c" ou "d" negarão enfaticamente ter reconhecido um "a". Os reconhecedores se reportam a um demônio-chefe que conta os votos e verifica quem é o vencedor. Obviamente os resultados iniciais podem não ser bons, mas se o sistema for treinado, ou seja, o processo repetido algo em torno de dez mil vezes, ele se torna capaz de fazer um reconhecimento preciso[4].

4 Ver S. Johnson, *Emergência*, p. 40

Imaginemos agora que tudo se passa na nossa cabeça como se existissem milhares de pequenos agentes (demônios) competindo entre si para tornar-se o foco de nossa atenção. Uns precisam predominar sobre os outros e esta predominância é momentânea. Não existe uma via simples entre um estímulo e sua percepção e não é necessário postular nenhum momento específico ou local determinado onde ele se torne consciente, ou seja, ingresse na esfera fenomênica. O que existe são múltiplos canais ou canais paralelos. O cérebro produz muitas versões a partir de um único estímulo; algumas versões são adotadas, outras são abandonadas.

Dessa coleção de predominâncias pontuais forma-se ou acopla-se uma máquina virtual que cria uma seqüência dentro das múltiplas versões criadas. Essa máquina faria o inverso daquilo que uma rede neural faz, ou seja, em vez de distribuir tarefas para realizá-las em paralelo, ela seqüencializaria uma máquina que realiza múltiplas tarefas, que, no caso, é o cérebro com sua imensa plasticidade. Isso gera a sensação de um fluxo de consciência unívoco, mas na verdade não há um fluxo único de consciência nem um significador central que coordene tanto os mecanismos de entrada de percepções como mecanismos de saída de ações. Não há uma narrativa privilegiada feita por um elaborador central, embora a maneira como experimentamos nossa consciência cotidianamente nos faça supor isto: temos a impressão de que a narrativa é serial, uma impressão causada pela máquina virtual no cérebro.

O tempo todo o cérebro está criando inúmeras versões sobre percepções, sensações, emoções, sentimentos. No cérebro, circuitos especialistas trabalham em paralelo, realizando diferentes tarefas, criando narrativas fragmentadas. Fragmentos de narrativas competem entre si o tempo todo. A máquina virtual tem um funcionamento serial e gera uma narrativa serial, mas isso não quer dizer que o funcionamento do cérebro seja serial. Como uma máquina virtual, ela não está localizada em nenhum lugar do cérebro, nem precisa ser um espírito que observa o que se passa no cérebro (consciência reflexiva). O que ela faz é juntar os temas desenvolvidos pelos vários especialistas, de tal forma que se estabeleça uma coerência de narrativa – uma coerência que será também momentânea[5]. Essa coerência momentânea, que permite a uma versão se estender um pouco mais no tempo do que outras, equivale – diz-nos Dennett – ao futuro projetado por Andy Warhol, no qual cada um teria seus quinze minutos de fama. Ou seja, nosso pensamento não é *totalmente errático*. Nesse futuro concebido por Warhol uma pessoa pode aparecer na televisão por quinze minutos, mas isso não quer dizer que ela vá se tornar famosa – é preciso permanecer na mente das pessoas por mais tempo. Uma aparição na televisão é sempre episódica, tem um começo e um fim definidos e pode não deixar nenhuma impressão duradoura entre os telespectadores. Conteúdos mentais conscientes tendem a se fixar por mais tempo na mente das pessoas e é por isso que Dennett

---

5 Para uma descrição, detalhada destas idéias, ver o livro de Paulo de Tarso Gomes, *Tempo e Consciência*, p. 113-116.

afirma que a "consciência mais se parece com a fama do que com a televisão"[6].

A máquina híbrida de Dennett – ou sua *máquina joyceana*[7] – nos passa a imagem do pensamento (consciência fenomênica) como, essencialmente, uma reconstrução da entrada de estímulos unida por uma narrativa momentânea. Isto é exemplificado pelo experimento feito com o fenômeno *phi*, que teria dado origem à psicologia da *gestalt* no início do século XX. O fenômeno *phi* é um caso de movimento aparente, estudado, inicialmente, pelo psicólogo Max Wertheimer: duas ou mais luzes piscam sucessiva e rapidamente, causando a impressão de movimento aparente. Dennett nos apresenta uma pequena variação desse experimento, inserindo, num dado momento, uma luz de cor diferente. Neste caso, o sujeito percebe o movimento aparente como antes, mas vê um ponto luminoso que se move e muda a cor gradualmente. A pergunta que os psicólogos têm feito é saber como é possível que um evento físico possa interferir numa percepção anterior a ele. Ou, em outras palavras, saber como é possível que a mente detecte um estímulo antes que o cérebro tenha tempo de processá-lo.

Dennett aponta para dois tipos possíveis de explicação para o fenômeno *phi*, de acordo com seu modelo de consciência: a reconstrução orwelliana (nome sugerido pelo livro de George Orwell, *1984*, no qual os governantes reescreviam a história a sua maneira) e a stalinista. A explicação

6 Ver "Consciousness: more like fame than television".

7 A expressão máquina joyceana deriva-se da obra de James Joyce, o autor do *Ulisses*, uma história que se baseia no fluxo de pensamento (consciência) de um personagem.

orwelliana diz que o sujeito percebe primeiro o estímulo tal como ele é fisicamente, mas depois esta primeira versão é abandonada e editada de forma diferente, surgindo então uma segunda versão que é a percepção definitiva. A explicação stalinista (que recebe este nome por Stálin ter instaurado a censura da imprensa na antiga União Soviética) diz que os estímulos recebem uma versão diferente antes de se tornarem conscientes, ou seja, são modificados na sua origem e por isso não há uma percepção primeira; a segunda versão prevalece desde o início. Na verdade, o que o cérebro emite são narrativas, que podem ser momentaneamente coerentes ou bastante fragmentárias. A narrativa não precisa ocorrer em tempo real, ou seja, no tempo físico de recepção de estímulos e de condução dos impulsos nervosos.

O aspecto fragmentário das versões da realidade que chegam através de estímulos sugere que tais versões são causalmente inertes na produção de comportamentos. Se não há controlador central do pensamento que produza um eu-central, podemos, igualmente, supor que a consciência (no sentido de conteúdo fenomênico) encontra-se, na maior parte das vezes, dissociada da coordenação e da produção de comportamentos manifestos. Nesse sentido, o pensamento seria apenas um acompanhante das ações (movimentos corporais) que não teria nenhuma função cognitiva, ou seja, em nada ele contribuiria para que estas ações fossem mais ou menos adaptativas em relação ao meio ambiente. Desse ponto de vista, uma certa interpretação das idéias de Skinner e as de Dennett seriam aqui coincidentes, convergindo para a des-construção da noção de um eu-iniciador na produção de comportamentos.

O ego de que nos fala Dennett não é um autor genuíno das narrativas, nem tampouco poderia ser identificado com uma entidade imaterial ou alguma parte específica do cérebro. Para ele, o eu é parecido com um centro de gravidade, uma entidade abstrata ou uma construção teórica. Seria um erro categorial falar do eu como se ele fosse algo concreto. O eu é apenas um centro irradiador das múltiplas narrativas fragmentárias que constituem as experiências conscientes das pessoas, ou, como nos diz Dennett,

> tentamos o tempo todo fazer com que o material [da experiência] forme uma unidade coerente, uma história bem contada. Essa história é nossa autobiografia. O caráter ficcional está no centro dessa autobiografia e constitui nosso *self*. E se tentarmos descobrir o que o *self* realmente é, estaremos cometendo um erro categorial[8].

8 Ver D. Teichert, Narrative, Identity and the Self, *Journal of Consciouness Studies*, n. 10-11, p. 191.

O epifenomenismo da experiência consciente não é o único ponto de contato entre a teoria de Dennett e a visão de Skinner sobre a natureza do pensamento. Ambos recorrem, freqüentemente, à teoria da evolução de Darwin para montar suas explicações psicológicas. O próprio modelo, *pandemonium*, pode ser visto como um exemplo de seleção natural, no qual alguns miniprogramas prevalecem sobre outros na tarefa de reconhecimento de padrões. A idéia de seleção natural intracerebral está também nas próprias origens da teoria da mente de Dennett, inspirada na obra do neurobiólogo William Calvin[9].

9 Para esta breve exposição das idéias de Calvin utilizei-me de algumas passagens de meu livro, *Mente, Cérebro e Cognição.*

Para Calvin, a atividade mental tem por finalidade primeira a organização e orientação do comportamento dos organismos no meio ambiente. O cérebro dos organismos representa o meio ambiente para em seguida agir sobre ele (essas representações são fornecidas pelos estímulos que chegam ao organismo). O cérebro humano desenvolveu a capacidade de gerar *cenários possíveis* ou representações alternativas do meio ambiente, a partir dos dados que recebe antes de agir (produzir uma resposta motora). Pensamentos e comportamentos automáticos ou reflexos são fundamentalmente distintos, mas têm uma raiz em comum. O pensamento emerge do comportamento reflexo, quando este passa a ser precedido de um conjunto de representações ou de cenários possíveis e resulta da escolha de um desses cenários como guia do curso das ações subseqüentes a serem realizadas pelo organismo. O pensamento instaura-se no intervalo entre o recebimento de um *input* e a produção de um *output*, pela produção desses cenários possíveis que são causalmente inertes, até que um deles seja escolhido para orientar uma resposta motora.

A ação de escolha de um cenário que produza resposta motora adequada é efetuada por um conjunto de respostas operantes que ocorrem intracerebralmente. A escolha é, na verdade, *seleção por conseqüências*, operada no ambiente virtual composto por estes cenários, embora por vezes tenhamos a ilusão de que ela pressupõe um intérprete ou um homúnculo no cérebro. Em outras palavras, o que chamamos de escolha é um processo de seleção natural intracerebral, que ocorre num tempo extremamente acelerado no qual os vários cenários competem entre si até que se defina um vencedor[10].

O que falta à teoria de Calvin – e que talvez tenha sido completado por Dennett – é a origem de conteúdos mentais que não são dados diretamente pela estimulação sensorial. Seria o caso, por exemplo, da linguagem e da cultura nas quais nosso cérebro encontra-se imerso. Linguagem e cultura fazem o papel de um *software* do cérebro, a partir de cujos elementos são elaboradas as diferentes narrativas da máquina joyceana. A linguagem e a cultura nos são dadas pelos *memes*, termo que Dennett toma emprestado do zoólogo Richard Dawkins. *Memes* são *unidades de informação* – unidades que permitem repassar informação e cultura de uma geração para outra, enquanto que os genes estariam ligados à perpetuação de características físicas das espécies. Os *memes* buscam sua perpetuação da mesma forma

10 "Meu modelo minimalista de mente sugere que a consciência é, essencialmente, uma Máquina de Darwin, que avalia a utilidade de seqüências projetadas de palavras/esquemas/movimentos que são formadas a partir de um vasto dispositivo neural serial. O melhor candidato torna-se aquilo 'de que se é consciente de' e é ele que por vezes produz nossa ação. O que ocorre na mente não é realmente uma sinfonia, mas algo como um grande teatro no qual várias melodias são tocadas e compostas e é nossa habilidade de focalizar nossa atenção sobre um cenário específico que nos permite escutar uma sinfonia cerebral no meio de toda essa fantasia". W. Calvin, *The Cerebral Symphony*, p. 332.

que os genes, alojando-se no cérebro para subsistir, se reproduzir e passar para outros meios. Os valores, a moda, a música, tudo o que constitui nossa cultura, e que nos foi passado através da nossa educação, constitui uma intrincada rede de *memes* – um *memeplex* – que se alojou em nosso cérebro, conferindo-lhe uma grande plasticidade. Os *memes* constituem a ligação de nossa mente com as práticas da comunidade na qual o sujeito consciente está inserido.

Os *memes* são algo muito parecido com os vírus, na medida em que são transmitidos por contágio. Uma das idéias centrais da memética é que o pensamento se espalha entre as pessoas do mesmo modo que uma doença contagiosa; pensar é fazer parte de uma epidemia. A memética se aproximaria muito da epidemiologia, podendo até se utilizar de seus modelos. O estado virótico de nosso cérebro seria sensível: da mesma forma que bilhões de vírus, os *memes* pululam na nossa cabeça[11]. Esse contágio pode ser constatado quando gravamos em nossa memória, por exemplo, uma canção, um refrão ou um jingle – mesmo sem querer recordar essas coisas por vezes nos pilhamos repetindo-as. Grandes complexos de *memes*, os *memeplexes*, são, por exemplo, as religiões, cujas expressões e orações, mesmo que fragmentadas habitam o cérebro de quase todas as pessoas.

Desde nossa infância um conjunto de *memes* existentes na cultura (memosfera) se replica em nosso cérebro,

> [11] A idéia de uma disseminação de idéias através de um modelo biológico/ epidemiológico é também sugerida pelo antropólogo D. Sperber. A memética de Dennett começa por um modelo epidemiológico para depois chegar à concepção de que não apenas somos infectados pelos *memes* como também somos constituídos por eles.

tornando nossa consciência um enorme complexo de *memes* cujo funcionamento deve ser equiparado ao de uma máquina virtual implementada na arquitetura paralela do cérebro, a qual não foi projetada para esse tipo de atividade. A potência dessa máquina virtual é enormemente aumentada pelos poderes subjacentes desse *hardware* orgânico sobre o qual ela se instala, numa espécie de curiosa re-utilização de um órgão que existia com outras finalidades[12].

> **12** D. Dennett, *Consciousness Explained*, p. 223

O uso da teoria dos *memes* é um dos flancos mais vulneráveis da teoria da consciência de Dennett. Quando ele diz que *memes* parasitam nossas mentes, fica difícil imaginar como algo que tem o estatuto ontológico de centros de gravidade ou da linha do equador poderia abrigar alguma coisa[13].

> **13** Ver a respeito M. Bennett & P. Hacker, *Philosophical Foundations of Neuroscience*, p. 435.

Não bastasse essa objeção, o problema com os *memes* está no fato de eles não serem observáveis, como os genes. Quem ou o que criou os primeiros *memes*? Não se saberia como *medir* um *meme*, embora possamos medir unidades de informação. Ademais, não sabemos se os modelos epidemiológicos podem ser transpostos para a caracterização de um fenômeno psicossocial como a disseminação da informação.

Contudo, a memética sugere aproximações interessantes como, por exemplo, a caracterização do *meme* como uma espécie de arquétipo, o que a aproximaria da psicologia junguiana. Casos mais pitorescos de *memes* não são apenas canções ou *jingles* que nos pilhamos repetindo sem saber por que. Teorias conspiratórias e abdução por seres de outro planeta também seriam *memes*.

2

Dennett sempre enfatizou que uma teoria da consciência pode e deve ser feita a partir de uma perspectiva de terceira pessoa. O resultado é, na verdade, uma teoria de segunda pessoa; novamente Dennett segue, sobre este assunto, uma seara diferente: a heterofenomenologia.

O que é heterofenomenologia? Não temos instrumentos de observação para saber o que ocorre na mente de outrem, e, mesmo se dispuséssemos de aparelhos de neuroimagem que nos possibilitassem saber o que ocorre no cérebro de outras pessoas – saber quais áreas cintilam num determinado momento – nossa percepção do que ocorre na mente dessas pessoas, ainda assim, estaria condicionada a um relato que associasse estado mental com área de cintilação. Sem esse relato, nossas fotografias da atividade do cérebro em nada teriam a ver com a experiência subjetiva. Não seria algo muito distinto de uma radiografia, por exemplo, do nosso fígado.

Utilizar-se desse relato para saber o que ocorre na mente das pessoas é o método que Dennett chama de *heterofenomenologia* – um método semelhante à fenomenologia, que constitui na observação e reflexão sobre nossa própria experiência, mas, no caso, feita a partir de uma perspectiva de terceira pessoa (hetero). A heterofenomenologia é um processo de reconstrução do relato subjetivo das pessoas; uma reconstrução que, embora eliminando a primeira pessoa como autoridade absoluta acerca de seus próprios estados mentais, permite que interpretemos, a partir da perspectiva intencional, o que está ocorrendo na mente delas. Desfaz-se, assim, o mito do acesso privilegiado e, com ele, a perspectiva ingênua de que teríamos acesso a emoções e dados brutos acerca do que ocorre em nós e não uma versão desses dados mediada pela linguagem que os descreve.

Curiosamente, a proposta heterofenomenológica aproxima Dennett de Skinner: é o relato introspectivo, o relato lingüístico que modela e diferencia o fenômeno cerebral e o inscreve numa ordem subjetiva – numa subjetividade que é em primeira pessoa do plural. Sem a linguagem e o relato subjetivo talvez não se produzisse sequer a idéia de um eu, "pois é a linguagem que torna possível que cada um se estabeleça a si mesmo como sujeito, ao se referir a si próprio como 'eu' em seu discurso"[14].

A heterofenomenologia se insurge contra um preconceito filosófico pré-kantiano, ou seja, de que teríamos acesso imediato, privilegiado e incorrigível aos nossos próprios conteúdos mentais e não como eles se nos apresentam, filtrados pelos nossos próprios instrumentos de cognição e pela linguagem. Os conteúdos mentais ou conteúdos conscientes são integralmente

[14] Veja-se L. Santaella, *Corpo e Comunicação*, p. 18.

apreendidos pelo texto heterofenomenológico, ou seja, podem sempre ser obtidos a partir de uma perspectiva de terceira pessoa.

Já uma perspectiva em primeira pessoa tomaria como dado inicial o que ocorre na minha mente. Mas essa seria a perspectiva cartesiana, que Dennett quer refutar. Seria um dado imediato o fato de que tenho conteúdos mentais e aqueles que me cercam também os têm na qualidade de uma perspectiva de primeira pessoa. Será, porém, que efetivamente podemos tomar esses conteúdos mentais como dados *imediatos?*

Dennett não quer admitir a existência desse tipo de dado imediato, quer na forma de *qualia*[15], quer na forma de experiências conscientes (todo *qualia* é consciente, mas o inverso não é verdadeiro). E para isso ele precisa refutar dois filósofos da mente contemporâneos: Thomas Nagel e David Chalmers. Nagel defende a inefabilidade da consciência e de alguns de seus conteúdos específicos, e Chalmers defende a irredutibilidade do caráter consciente da experiência.

15 Lembremo-nos: *qualia* são sensações intrínseca e indescritivelmente subjetivas.

Nagel sustenta a irredutibilidade da perspectiva em primeira pessoa para uma perspectiva em terceira pessoa. Em outras palavras, a experiência subjetiva seria irreconciliável com o discurso da ciência, sempre público e em terceira pessoa. No artigo, "What Is It Like to Be a Bat?" (O Que é Ser como um Morcego?), que o celebrizou nos meios acadêmicos e filosóficos americanos, Nagel argumentou em favor da idéia de que nossa linguagem – especialmente a linguagem intersubjetiva da ciência – seria incapaz de captar a natureza última da experiência subjetiva, no caso, o ponto de vista que um morcego tem acerca do mundo. Por mais que estudássemos a fisiologia do olho do morcego, não poderíamos saber o que é ter suas experiências visuais, não poderíamos vivenciá-las ou assumir a perspectiva de mundo do morcego; poderíamos, no máximo, imaginá-las. Em nosso caso, deparamos com uma experiência consciente que é imediata, todos sabemos que a temos, mas ela é, ao mesmo tempo, irredutível à linguagem, que, incapaz de descrevê-la plenamente, apenas nela resvala, pois cada um de nós tem uma perspectiva única sobre o mundo.

A aniquilação dos *qualia* é uma peça básica da teoria da consciência de Dennett. Essa é uma posição difícil, pois para a maioria dos filósofos da mente, os *qualia* são estados fenomenais ligados ao sentimento de si. Dizer que os *qualia* não existem significaria dizer que não temos sentimentos acerca de nós próprios ou de experiências vividas pelo nosso corpo. Dennett não nega que os *qualia* existam, pois seu flanco de ataque não é ontológico e sim epistemológico. Isso quer dizer que Dennett não nega que tenhamos sentimentos de nós mesmos ou experiências vividas; o que ele nega é que estas sejam inefáveis. Na verdade os sentimentos de si só passam a existir na medida em que são reportados pelo sujeito que os tem. Neste sentido, eles não existem em primeira pessoa, e sim em segunda ou terceira pessoa.

O artigo de Dennett "Quining Qualia" é fundamental para a compreensão deste ponto de vista. Nele Dennett expõe o caso de dois provadores de café, Chase e Sanborn, cujo trabalho consiste em assegurar que o sabor do café que eles provam se mantenha o mesmo[16]. Ambos afirmam terem perdido o prazer que antes experimentavam com o sabor do café que provavam. Chase acha que deixou de apreciar o café porque se tornou um apreciador mais sofisticado, embora o café que ele prove tenha mantido o sabor inalterado. Sanborn acha que deixou de apreciar o café não porque o gosto tenha se alterado, mas porque seus sensores gustativos se alteraram. Segundo Dennett nem Chase nem Sanborn podem saber o que aconteceu, tampouco exprimir uma diferença entre cada um dos casos. Não se saberá nunca se houve uma mudança nos *qualia* ou nas disposições reativas. Se há os *qualia*, estes se tornam inatingíveis, praticamente quiméricos. Se o sujeito não é capaz de perceber a diferença, diz Dennett, é porque ela não existe. Quando se trata de fenomenologia, o que não é apercebido não existe; assim sendo, os *qualia* podem ser eliminados; é uma ilusão supor que haja sentimentos inefáveis.

Mas será que todos os nossos sentimentos próprios são passíveis de descrição através da linguagem – ou numa perspectiva heterofenomenológica, como quer Dennett? Pensemos, por exemplo, no gosto do sal. Como explicar o sentimento de que algo é salgado usando a linguagem? Ou como falar de "mais salgado" ou "menos salgado" para alguém que nunca tenha provado o sal? O filósofo Sidney

> **16** Neste trecho, parafraseio S. Miguens *Uma Teoria Fisicalista do Conteúdo e da Consciência*, p. 264.

Shoemaker, num comentário sarcástico dessa posição de Dennett sobre os *qualia* diz que se fosse verdade que os *qualia* são dispensáveis não precisaríamos mais provar um vinho para saber se ele é bom ou não, bastaria ler sua composição no rótulo[17]. Se Shoemaker estiver certo, a idéia de Dennett de suprimir os *qualia* deveria passar a ser chamada de "a idéia perigosa de Dennett", pois levaria os *sommeliers* de todo o mundo ao desemprego. Ou seja, teríamos um aumento da taxa de desemprego no sul da França, na Itália, no Chile e quiçá no sul do Brasil.

> **17** Qualia and Consciouness, em *Tufts University Philosophy Department.*

Por outro lado, se é difícil aceitar que os *qualia* não existem, a posição oposta tampouco é confortável. Hacker, por exemplo, observa que experiências de si não fariam sentido se ficassem inefáveis[18]. Se vejo uma maçã e tenho a experiência de estar vendo algo vermelho, isto só faria sentido se eu puder apontar para algo vermelho. Se não pudéssemos apontar para algo vermelho, a sentença "Vejo algo vermelho" ficaria sem sentido. A sentença adquire sentido não só na medida em que aponto para coisas vermelhas, como, também, pelo fato de outrem partilhar comigo a experiência de ver algo vermelho. Este é o ponto de vista defendido por Wittgenstein no *Blue and Brown Books* (Livros Azul e Marrom).

> **18** M. R. Bennett e P. M. S. Hacker, op. cit.

Mas este ponto de vista de Wittgenstein mais se afigura como um contra-exemplo epistemológico do que ontológico. Desfazer-se dos *qualia* não parece ser tão simples assim. Haverá casos nos quais poderemos nos referir a algo interno sem fazer referência ou apontar para algo fora de nós? Será que Beethoven não podia "ouvir" as notas musicais com a sua mente quando fazia suas composições após ter ficado surdo? E se o sol desaparecesse, o que ficaríamos observando – senão imagens mentais – pelos oito minutos seguintes até percebermos que estaríamos numa total escuridão?

Vejamos agora como Dennett contra-ataca os argumentos de Chalmers. Este aposta na impossibilidade de encontrarmos uma explicação reducionista para a natureza da consciência. Ele nos fala de um dualismo *naturalista* por entender que a experiência consciente deve ser considerada uma característica fundamental do mundo, do mesmo jeito que massa, carga eletromagnética e espaço-tempo o são. A consciência, contudo, é contingente em relação a sua base física, ela é um *fator suplementar*. A experiência consciente *pode* emergir de uma estrutura física, mas não é conseqüência necessária desta, isto é, não *deriva* dela.

Exemplos paradigmáticos citados por Chalmers nos quais esta derivação não ocorre são o dinheiro (as notas) e obras de arte como a *Mona Lisa*. O valor do dinheiro não supervem necessariamente à sua reprodução física, ao contrário, só produz um conjunto de notas falsas. O mesmo se aplica a obras de arte como a *Mona Lisa*, que foi pintada uma única vez por Leonardo e daí deriva seu valor. A reprodução da *Mona Lisa* nunca assumiria o mesmo valor do original de Leonardo que se encontra no Louvre.

Contudo, Chalmers parece ter ignorado, ao disparar esta crítica, que notas falsas, se indiscerníveis das verdadeiras, ou seja, se tomadas como verdadeiras passarão a ter o mesmo valor que aquelas emitidas por um banco central. O mesmo valeria para uma imitação perfeita da *Mona Lisa*, que pudesse ser substituída pela verdadeira, sem que ninguém notasse a diferença. Se experiências conscientes são um fenômeno único e inimitável na natureza – um acidente histórico específico, que não é uma conseqüência necessária de um conjunto de fatores – é algo que não podemos saber. Se uma moeda de 25 centavos de dólar tiver o mesmo peso que uma moeda de um real e ambas puderem acionar a catraca do metrô de São Paulo, elas serão indiscerníveis, *pois ambas acionam a catraca do metrô*. Da mesma maneira, nunca poderemos saber se um dia chegaremos a construir um robô consciente, mas a afirmação contrária também necessitaria ser provada.

Não bastasse isso, Chalmers nos convida a conceber criaturas que, apesar de terem todas as características de um ser consciente, *podem não ser conscientes* (!!). Esta afirmação é feita em nome do chamado *hard problem*, ou seja, a concepção de que a experiência consciente legítima é auto-reflexiva e que a auto-reflexão não deriva de dispositivos materiais suplementares que funcionariam como leitores dos relatos de nossos próprios desempenhos. Em nome do *hard problem* Chalmers convida-nos a conceber seres de uma estranha ontologia, os *zumbis*, que não têm esta capacidade de auto-reflexão. Os zumbis não servem tanto para criticar o materialismo emergentista, como supôs Chalmers, e sim o behaviorismo de uma forma geral. Um zumbi teria todas as características físicas e comportamentos de um ser humano, mas não seria um ser humano, pois a ele faltaria a consciência do que faz. Conforme já notamos em nossa introdução, Chalmers se utiliza da possibilidade, mesmo que apenas metafísica, da existência dos zumbis para ressaltar os limites do materialismo.

Contra Chalmers, Dennett sustenta que os zumbis são logicamente inconcebíveis. O flerte de Chalmers com o cartesianismo torna-se igualmente evidente na sua teoria da superveniência dos estados conscientes. A crítica a explicações reducionistas e puramente funcionais da natureza da consciência encontra-se, de maneira embrionária, nos escritos de Descartes sobre os autômatos. Descartes sustentava que a duplicação de características materiais e funcionais de um ser humano poderia ser condição necessária, mas não suficiente, para se replicar a vida mental humana. Um autômato bem construído poderia vir a fazer tudo o que um ser humano faz, mas nunca se igualaria a ele: seria, no máximo, uma proeza de engenharia, algo que, contudo, não teria *alma*. E não poderíamos substituir esta palavra por "experiência consciente"? Neste sentido, o autômato de Descartes não é muito diferente do zumbi de Chalmers.

A diferença entre a posição de Chalmers e a posição cartesiana consiste no fato de Descartes ter afirmado, categoricamente, que a vida mental *não pode supervir* no autômato. Chalmers deixa aberta esta possibilidade. Mas a pressuposição de Chalmers, de que a similaridade funcional não é suficiente e não *implica* na produção de estados conscientes, é inteiramente metafísica. Afinal, se mantivermos o primado da primeira pessoa para fundar nossa teoria da consciência, o que pode nos garantir que um robô que faça tudo o que um ser humano pode fazer não tenha experiências conscientes?

Esta última questão faz-nos refletir sobre outros problemas que surgem a partir da teoria de Chalmers. Em primeiro lugar, destaca-se o chamado *problema da predicação*. Suponhamos que por um certo período de tempo tenhamos convivido com um robô de forma humanóide, uma réplica cuja aparência externa fosse exatamente igual à de um ser humano. Este robô poderia ser, por exemplo, o COG, o robô humanóide que no momento está sendo desenvolvido no MIT. O COG estaria convivendo conosco e seu comportamento seria indistinguível daquele exibido por um ser humano qualquer. Ocorre que *não sabíamos* que estávamos lidando com um robô. Isto significa que por muito tempo estaríamos atribuindo ao COG os mesmos predicados mentais que normalmente atribuímos a um ser humano, incluindo a capacidade de desenvolver comportamentos e experiências conscientes. Um dia, o COG (que *ainda* não sabíamos ser um robô) escorrega, cai e bate a cabeça na banheira. Seu crânio se rompe e, em vez de encontrarmos dentro dele a massa encefálica de um ser humano, encontramos fios e *chips* de computador. Teria cabimento *retirar* todos os predicados mentais que vínhamos atribuindo a ele até então – predicados mentais que o equiparava a um ser humano normal? Teria cabimento afirmar: "bem, agora que eu descobri que você é na verdade um robô, então você não tinha estados mentais nem tampouco experiências conscientes?".

A segunda questão surge no mesmo esteio da primeira: COG seria, no máximo, um zumbi. Mas será possível supor a existência de zumbis, mesmo como possibilidade metafísica? A suposição fundamental, subjacente à concepção de zumbi defendida por Chalmers, é que estas seriam criaturas fisicamente idênticas a um ser humano, que agem, conversam etc., ou seja, poderiam passar no Teste de Turing de maneira eficiente. A única – e grande diferença – estaria no fato de que eles não poderiam ter experiências conscientes. Mas, se um zumbi é, do ponto de vista comportamental, indistinguível de um ser humano, o que poderia nos impedir de atribuir a ele a propriedade de ter consciência? O que ocorreria se, durante o teste de Turing o interrogador formulasse a questão: "Você tem experiências conscientes?" ou "Você tem consciência daquilo que acabaram de perguntar a você?" Haveria duas possibilidades de resposta, uma afirmativa outra negativa. Mas, em ambos os casos, a noção de experiência consciente já se encontra pressuposta na resposta que o zumbi pode dar, seja ela afirmativa ou negativa, esteja ele mentindo ou não. Alternativamente, ele poderia ser incapaz de fornecer qualquer tipo de resposta, mas, neste caso, ele não passaria no Teste de Turing e sua suposta existência como ser que faz tudo que um ser humano pode fazer – exceto ter estados conscientes – tornar-se-ia uma impossibilidade, ou melhor, uma contradição em termos...

Uma terceira série de questões surge ao refletirmos sobre a noção de superveniência introduzida por Chalmers. Terá sentido, afinal de contas, afirmar que a consciência constitui um ingrediente suplementar que supervem à organização mental e funcional de um organismo ou sistema? Não estaríamos aqui diante de uma confusão conceitual? Até que ponto é sustentável a independência da experiência consciente em relação à organização funcional ou à estrutura física de um organismo? Tomemos os predicados *ser consciente* e *ter saúde*. Em ambos os casos, a atribuição destes predicados não dependeria da possibilidade de explicar o funcionamento de uma estrutura física específica de um organismo, isto é, em ambos os casos, a atribuição destes predicados fundamenta-se na observação de uma característica global do organismo. Contudo, aqui corremos o risco de deslizar da idéia de *característica global* para a idéia de *característica adicional*. Não teria cabimento supor que – mesmo por um ato de imaginação filosófica – poderíamos remover a saúde de um organismo ao mesmo tempo em que manteríamos a totalidade de seus órgãos e suas interações em perfeito estado, ou, inversamente, que poderíamos remover alguns desses órgãos e, mesmo assim, achar que preservaríamos a saúde do organismo, isto é, acreditar que ela poderia permanecer intacta. Ora, por que não poderíamos afirmar o mesmo em relação à consciência?

3

Há um aspecto da teoria da consciência de Dennett que é particularmente curioso e original: suas idéias sobre a natureza dos sonhos. Teorias acerca do sonho foram por muito tempo ofuscadas por Freud e Jung que, ao privilegiar o conteúdo onírico obliteraram seus aspectos neurofisiológicos. Se situarmos o aparecimento da psicanálise no tempo e o seu mais importante trabalho, a *Interpretação dos Sonhos*, veremos que, talvez por uma grande coincidência, este apareceu no mesmo ano – na virada para o século XX – em que, simultaneamente, Ramón y Cajál consolidava sua teoria do neurônio. Mas não foi o caminho da neurociência que a teoria do sonho tomou no início do século passado. Obscurecida pelo nascimento da psicanálise, que dissociaria a psicologia da neurociência por um bom tempo, o sonho tornou-se, quase exclusivamente, matéria de interpretação.

A neurofisiologia do sonho permaneceu um território quase abandonado por várias décadas, na medida em que Freud e Jung renunciaram às tentativas de mapeamento cerebral e condenaram o localizacionismo funcional em nome de uma tópica abstrata do cérebro. Freud insistiu no aspecto mórbido e até psicopático do sonho, tratando-o como o reverso da psicose. Ao privilegiar estes aspectos, relegou a um plano secundário qualquer tentativa de uma abordagem cerebral do fenômeno onírico, insistindo na sua interpretação. Por que não pensarmos nos sonhos como algo sadio? Infelizmente este preconceito freudiano foi transmitido pela psiquiatria por várias gerações.

Esta tendência só começa a ser revertida na década de 1950, quando a neurociência ganha novo fôlego com as descobertas de Aserinsky e Kleitman acerca do sono REM publicadas na revista *Science* em 1953. REM significa "rapid eye movement", uma fase do nosso sono na qual nossos olhos, mesmo fechados, movimentam-se rapidamente. Eles sustentam também uma correlação entre o sono REM e o sonhar, pois, segundo eles, quando acordamos as pessoas durante ou imediatamente após a ocorrência do sono REM elas relatam a ocorrência de sonhos.

Essas descobertas teriam sido confirmadas por William Dement, que elaborou estatísticas da correlação entre a ocorrência do sono REM e os relatos de sonhos vívidos. Porém, é preciso notar que essa correlação estatística nem sempre ocorria – e Dement estava ciente disso. Havia casos nos quais ocorria o sono REM nos pacientes por ele monitorados, mas ao acordar eles não relatavam nenhum tipo de sonho. Um outro aspecto importante era o fato de que os relatos de sonho seguiam-se sempre ao processo de acordar, ou seja, era preciso acordar os pacientes após o período de sono REM para saber se eles tinham sonhado e isso significava apoiar as pesquisas em relatos introspectivos. Ocorria também um fenômeno curioso: o sono REM ocupava, por vezes, vinte e cinco por cento do sono do paciente, mas este relatava ter sonhado a noite toda... Haveria assim uma assimetria entre a experiência do sonho e sua ocorrência neurofisiológica; tudo se passaria como se o tempo no sonho pudesse ser muito mais "longo" que o tempo medido pelo eletroencefalograma, sugerindo, obliquamente, uma assimetria entre mental e físico que tanto estes pesquisadores queriam evitar.

Essas descobertas acerca do sono humano foram estendidas por Dement para o sono de animais como cães e gatos. Aprofundando as pesquisas de Dement, dois pesquisadores franceses, Michel e Jouvet identificaram um outro aspecto do sono além da fase REM. Eles descobriram que um animal pode ter seu cérebro quase totalmente ativado durante o sono, sem, contudo, exibir qualquer tipo de movimento muscular. Ou seja, o sono e os sonhos teriam o papel de inibir qualquer tipo de ação motora decorrente deles.

Em 1994, Allan Hobson pesquisou indivíduos cujas áreas cerebrais ativadas durante o sonho tinham sido destruídas por acidentes ou derrames. Ele verificou que esses indivíduos não sonhavam – o que para ele seria uma confirmação definitiva de que o sonho estaria diretamente correlacionado com as áreas cerebrais ativadas pelo sono REM. Sua conclusão, porém ainda não resistia a um tipo de crítica: do relato de ausência de um sonho não se pode concluir que ele não tenha ocorrido, pois ele pode ter sido esquecido, seja durante o sono, seja no processo de acordar. Seria possível supor, então, que, mesmo com essas áreas destruídas, esses pacientes continuassem a sonhar, o que desvincularia sono REM de sonho. É muito difícil saber se alguém efetivamente sonhou ou não: tudo o que dispomos é, novamente, de um relato introspectivo.

Hoje em dia conseguimos acrescentar mais um dado à pesquisa sobre a natureza dos sonhos: sabemos, por exemplo, quais são os neurotransmissores responsáveis pelo seu esquecimento logo após o despertar. Quando estamos acordados há dois sistemas que produzem e derramam acetilcolina e noradrenalina no cérebro. Quando estamos dormindo esses sistemas são menos ativos. Supõe-se também que quando sonhamos a produção de noradrenalina diminui e outro sistema, que derrama serotonina no cérebro, é ativado. A serotonina impede que os músculos executem movimentos que ocorrem como conteúdos de sonhos. Ora, acontece que sem noradrenalina a capacidade do cérebro para registrar eventos na memória diminui muito, ou seja, inibe-se a possibilidade de criação de uma memória duradoura. É por isso que, quando acordamos, a lembrança do que sonhamos tende a esmaecer-se rapidamente.

Outra contribuição para o estudo das bases neuropsicológicas do sonho vem das neuroimagens, obtidas por PET scan. Esses estudos mostraram que a destruição de áreas cerebrais, ativadas durante o sono REM, leva à perda da capacidade de sonhar – uma perda relatada por pacientes que tiveram estas áreas destruídas por acidentes vasculares cerebrais. É preciso, contudo, notar novamente, que esse tipo de estudo pode não ser conclusivo, uma vez que é possível ocorrerem sonhos em pacientes com essas áreas lesadas, e que esses sonhos não sejam simplesmente rememorados na vigília.

Certamente Freud, como um estudioso de neurociência, poderia ter feito esse tipo de correlação, pois já tinha desenvolvido uma pesquisa sobre a natureza das afasias. Mas não foi esse o caminho que ele preferiu seguir. Mesmo que os estudos freudianos não tenham sido conclusivos, é possível perceber uma diferença radical de metodologia e de abordagem entre seu trabalho e a abordagem neuropsicológica dos sonhos. No estágio que esta atingiu, sustentar que os sonhos sejam expressão de desejos inconscientes[19] e que eles desaparecem ao acordar devido a um mecanismo de censura, seria incorrer numa visão antropomórfica e quase conspiratória de mecanismos da bioquímica cerebral. Falar de uma *interpretação* dos sonhos seria uma visão teleológica de um fenômeno bioquímico.

> **19** Para uma crítica severa a esta visão ver O. Flanagan, *Dreaming Souls.*

Mas voltemos à tentativa de correlação entre sono REM e sonho. Apostar nessa correlação é particularmente difícil, não apenas por termos de confiar em relatos introspectivos de sujeitos acordando, como, também, pelo problema de situar temporalmente esse tipo de fenômeno psíquico. Como o sujeito pode ter certeza de que sonhou em um determinado segmento de seu sono e, ainda, que este segmento corresponde ao período em que seu cérebro entrou em estado REM? Encontramos aqui uma versão forte do que em filosofia da mente se chama o *explanatory gap*, ou seja, a difícil e indescritível passagem entre descrições em primeira e em terceira pessoa. Mais do que isso: por não sabermos quando no sono estivemos sonhando, podemos questionar a chamada "visão tradicional" do sonho, qual seja, a idéia de que fenômenos oníricos são experiências que ocorrem durante o sono e que delas nos lembramos, de maneira distorcida, ao acordar. Esta visão tradicional foi sustentada ao longo da história da filosofia e da psicologia, numa linhagem que remonta a Aristóteles, passando por Descartes, Kant, Russell, Moore e Freud. Será contra ela que Dennett proporá a idéia do sonho como fenômeno alucinatório instantâneo que ocorre na passagem do sono para a vigília – uma alucinação tão forte que daria ao sujeito a impressão de poder situá-la temporalmente em algum segmento do sono. É essa sua visão extremamente curiosa acerca da natureza dos sonhos.

Este tipo de visão do fenômeno onírico é antifreudiano, na medida em que retira do sonho qualquer função ou finalidade. Mas não é tão radical quanto a concepção de Norman Malcolm, discípulo dileto de Wittgenstein, e contra quem Dennett escreve no seu artigo "Are Dreams Experiences?" (Sonhos são experiências?). O filósofo Norman Malcolm sugeriu uma vez, no seu livro *Dreaming*

(Sonhando) publicado em 1962, que os sonhos nada mais são do que disposições para contar histórias quando acordamos. Em *Dreaming*, Malcolm defende que os sonhos não são experiências e que as investigações empíricas do sono REM não podem ser correlacionadas com a ocorrência de estados oníricos. Ele sugere que o que é recordado não é verdadeiro por definição, isto é, lembrar-se de algo não significa que esse algo tenha ocorrido de fato. O problema é que o sujeito, ele próprio, não tem condições de distinguir, dentre suas lembranças, quais são as verídicas, ou seja, quais apenas parecem ter acontecido e quais de fato, aconteceram. O que julgamos saber sobre nós mesmos não é absolutamente certo nem infalível. Malcolm prefere sugerir que não podemos simplesmente assumir como fato, ou como *dado*, que o sonho é uma experiência pela qual passamos durante nosso sono; o máximo que podemos afirmar é que o sonho *parece* ser uma experiência que nos ocorre durante o sono.

Contrariando em parte Malcolm e em parte a visão tradicional, Dennett vai sustentar que os sonhos poderiam ser alucinações vívidas e instantâneas que ocorrem no nosso despertar, na passagem entre o sono e a vigília. Ao fazer tal suposição ele questiona a autoridade de primeira pessoa, de acordo com a qual os sonhos seriam uma lembrança situada na memória de longo prazo, pois ocorreriam no meio do sono. A distinção entre a memória de uma alucinação e a alucinação de uma lembrança é muito tênue nesse caso. O sonho não seria nem a experiência inefável, puramente subjetiva relatada em primeira pessoa, nem tampouco a pura invenção como sugere Malcolm.

Mas como e por que deveríamos sustentar a idéia do sonho como delírio instantâneo ao acordar? Uma boa razão para rejeitar a visão tradicional está no fato de todas as tentativas de correlacionar sonho com sono REM serem inconclusivas por envolverem o acordar. Nada nos obriga a supor que a ocorrência de sonhos seja coextensiva aos períodos de sonho REM. Senão vejamos.

Um argumento em favor do ponto de vista de Dennett seria o fato de ao acordarmos – sobretudo quando estamos em sono REM – as lembranças de sonhos estarem mais vívidas. Além do fator neuroquímico, que já apontamos, não parece que sejamos capazes de ordenar diferentes sonhos a não ser que entre eles tenhamos tido algum momento, por breve que seja, de vigília. Sendo alucinações quase instantâneas no processo de despertar, os sonhos não teriam funções específicas; um processo mental que deve ter sido selecionado pela evolução, mas que não serve a nenhuma finalidade.

Obviamente esta posição – tão surpreendente – oferece várias dificuldades teóricas. Uma delas consiste em assinalar que temos uma prova de que o sonho ocorre durante o sono pelo fato de, ao sonhar, freqüentemente falamos ou nos mexemos – e isto ocorre durante o sono e não no momento do despertar. Mas talvez, diz-nos Dennett, seja esta outra crença herdada da visão tradicional, pois, por que dizemos que nos mexemos *quando sonhamos*? Podemos nos mexer sem sonhar, e, não bastasse isto, como correlacionar o conteúdo dos sonhos com o movimento que fazemos?

Ou seja, falta explicar porque o movimento pode ter ocorrido, mesmo quando não há relato de ocorrência de um sonho específico. Movimentar-se a noite inteira e balbuciar não é prova de que sonhamos a noite inteira. A relação entre conteúdo de sonho e movimento é muito esporádica e pode ser explicada por uma insuficiência ocasional de serotonina, neurotransmissor que, como vimos, inibe o movimento muscular durante o sono.

Mas, se há dificuldades, há também vantagens em assumir a idéia do sonho como fenômeno alucinatório instantâneo. Ele poderia, por exemplo, explicar fenômenos do tipo sonhar com um telefone que toca quando este está tocando ao nosso lado e nós estamos dormindo. Quem não passou por uma experiência deste tipo? A resposta de Dennett é que este tipo de sonho ocorre precisamente ao despertar e se explica *pelo despertar*. Afora esta solução, a única alternativa seria introduzir o conceito de pré-cognição em nossa teoria do conhecimento, o que, neste caso, equivaleria a trocar o obscuro pelo mais obscuro, pois este é um fenômeno sobre o qual praticamente nada sabemos.

Mas, mesmo se alinhássemos outras vantagens da hipótese do sonho como alucinação instantânea, haveria sempre outras questões. Por exemplo, por que nos referimos sempre aos conteúdos dos sonhos usando verbos no passado? Não seria isso um indício de que os sonhos ocorrem durante o sono? Se Dennett tivesse razão talvez todos nós acordássemos dizendo "Acabei de sonhar com tal e tal".

Esses aspectos da teoria dos sonhos de Dennett são bastante contra intuitivos. Sua teoria dos sonhos como alucinações na passagem entre o sono e a vigília não deixa, contudo, de ser fascinante. E, apesar das objeções, é possível dizer que seu artigo sobre a natureza dos sonhos atinge o objetivo a que se propõe. Dennett deseja nos mostrar com sua teoria dos sonhos que o sentimento de autoridade subjetiva não significa um acesso privilegiado ao conhecimento da natureza da experiência mental. Ou, em outras palavras, que não podemos confiar em nós mesmos, nem mesmo quando percebemos uma experiência sendo desta ou daquela maneira, apesar de todas as nossas possíveis convicções subjetivas. Trata-se de negar a certeza oriunda da experiência subjetiva e adotar uma perspectiva deflacionária em relação ao onírico.

Tanto quanto no caso dos *qualia*, é preciso desmontar a idéia de uma experiência inefável. Sonhos são experiências, não invenções lingüísticas como afirma Malcolm, mas também não são aquilo que a subjetividade quer nos fazer crer, ao situá-los numa temporalidade ao longo do sono – é neste sentido que a autoridade subjetiva pode e deve ser abalada, na perspectiva quase heterofenomenológica dos sonhos proposta por Dennett.

Novamente encontramos aqui, na obra de Dennett, uma opção por um realismo brando, no qual sonhos não são experiências inefáveis e sim eventos privados físicos –

é isso que se descortina quando nos livramos das ilusões impostas pela experiência subjetiva.

4

A maioria das críticas endereçadas a Dennett insiste em afirmar que ele esboçou uma teoria da *mente* e não uma teoria da *consciência*. Searle, em *The Mistery of Consciousness* (O Mistério da Consciência), por exemplo, afirma que Dennett deliberadamente ignora o problema da consciência e que sua teoria acaba se tornando uma simplificação tosca. Ou, em outras palavras, Searle e Chalmers sustentam o ponto de vista de que a teoria de Dennett não explica porque os processos físicos originam a subjetividade, e muito menos esclarecem a natureza desta, limitando-se a apontar apenas para uma correlação entre estes e o aparecimento da consciência. Uma possível resposta a este tipo de crítica seria dizer que Searle e Chalmers nada mais fazem do que explorar o caráter polissêmico do termo consciência – uma polissemia que dá margem a inúmeras concepções acerca do que uma teoria da consciência *deveria* ser. Ou seja, os que partem deste princípio estariam invocando uma visão pré-concebida do que é a consciência – uma visão baseada no *hard problem* – para depois disparar críticas.

Mas, afora estas críticas filosóficas há também críticas *técnicas* que podemos fazer ao modelo proposto por

Dennett. Gomes observa que a idéia de máquina virtual ou máquina joyceana, "sobreposta" ao *pandemonium*, é uma idéia que pode nos levar a algumas dificuldades[20]. Como máquina virtual, ela não está localizada em algum lugar do cérebro, nem é um espírito que observa o que se passa nele. Ela junta os temas desenvolvidos pelos vários especialistas de maneira que se estabeleça uma coerência de narrativa. Mas ao entender que esta máquina poderia funcionar como um *software do cérebro* Dennett se enreda em alguns problemas[21].

Como estabelece um clássico em teoria da computação[22], os programas se compõem de algoritmos e estruturas de dados, que, por sua vez, devem estar escritos em algum tipo de linguagem simbólica. Mesmo em computação paralela precisamos de um projeto, uma pré-concepção de como os diferentes nós desta rede em paralelo irão operar. Além disso, há sempre uma intenção *exterior* ao projeto: o sistema não conhece seus resultados, a menos que o programador ou a entidade, que cria a rede e interpreta os seus resultados, faça parte do sistema. Essa entidade é necessária, pois só ela vê o sistema como tal. Em outras palavras: o processamento paralelo é eficiente no sentido de que cada parte não precisa ter a visão do todo, mas apenas desempenhar a tempo sua função – como numa linha de montagem de carros. A integração das partes é fruto da intenção do administrador,

20 P. de T. Gomes, *Tempo e Consciência*.

21 O trecho é uma transcrição de P. de T. Gomes, op. cit., p.115-116. Uma tentativa de resposta a esta objeção encontramos no artigo de Dennett The Virtues of Virtual Machines, em <http://ase.tufts.Edu/cogstud/papers/VIRTUES.FIN.htm>.

22 N. Wirth, *Algorithms and Data Structures*.

e, embora os operários possam ver os carros prontos, poucos deles terão idéia de como funciona o motor a explosão, de como projetar um carro e do que seria necessário para construí-lo.

Ora, Dennett quer eliminar o grande programador, o significador central. Mas será isso possível? Será que todas as tarefas que podem ser executadas por uma máquina paralela podem ser executadas por uma máquina serial e vice-versa? Por acaso poderíamos falar melhor se tivéssemos duas bocas em vez de uma só? Ou não enfrentaríamos, nesse caso, o problema de coordená-las quando fôssemos proferir uma sentença? A dificuldade, como é observada por Gomes, está no fato de Dennett ter sido pouco específico na caracterização do que seria a sua máquina virtual montada sobre a máquina paralela do cérebro. Certamente, ela não pode ser uma máquina de estados discretos, como a máquina de Turing, pois seu *software* não é um conjunto de algoritmos e de estruturas de dados, mas sim um conjunto de *memes* dados pela linguagem e pela cultura. Ou seja, o termo "máquina virtual" é usado num sentido excessivamente amplo e vago que certamente não seria aceito pelos cientistas da computação.

A dificuldade levantada por Gomes é agravada pelo fato de hoje sabermos que a mente humana é mal equipada para tratar de problemas que devem ser resolvidos de modo serial, uma vez que os neurônios precisam de um "tempo de recuperação" de cerca de cinco milésimos de segundo, o que significa que são capazes de realizar apenas duzentos cálculos por segundo. Os PCs modernos são capazes de fazer milhões de cálculos por segundo, e aí reside sua superioridade para fazer operações matemáticas. Ray Kurzweil, o famoso futurista e autor do *best seller*, *A Era das Máquinas Espirituais*, afirmou que

> os seres humanos são mais hábeis em reconhecer padrões do que em pensar através de combinações lógicas; portanto, confiamos nessa capacidade para quase todos os nossos processos mentais. Na realidade, o reconhecimento de padrões abrange a maior parte do nosso circuito neural. Essas faculdades compensam a velocidade extremamente baixa dos neurônios dos seres humanos.

Estas últimas afirmações vêm de encontro à crítica de Gomes: a máquina virtual ou máquina joyceana de Dennett não pode ser como a máquina de Turing, caso contrário, seríamos capazes de tratar melhor de problemas que devem ser resolvidos de modo serial. A observação de Kurzweil nada mais é do que a confirmação desta característica de nossa cognição.

Mas estas são críticas técnicas ao modo como Dennett monta sua máquina híbrida. Afora as dificuldades que apontamos resta-nos ainda uma pergunta a fazer: até que ponto o modelo *pandemonium*, proposto por Dennett, tem alguma semelhança com o nosso cérebro? Ou, em outras palavras, qual o grau de realismo do modelo dennettiano? Não haveria aqui aspectos positivos a apontar?

Nos últimos anos a neurociência tem feito críticas a modelos computacionais, sugerindo que o cérebro mais se assemelha a um tipo de máquina eletroquímica do que a um computador. Contudo, as investigações recentes sobre a eletrofisiologia do neurônio parecem confirmar a hipótese *pandemonium* de Dennett.

Há cerca de cinqüenta anos, McCulloch e Pitts tentaram construir um modelo de neurônio que se assemelhava às portas lógicas dos *chips*. Haveria somente uma passagem para corrente elétrica, e assim sendo, a porta lógica só podia ficar em duas posições (*on* e *off*, ou 1 e 0, respectivamente). Contudo, nos dias de hoje o neurônio é concebido como uma estrutura muito mais complexa.

Na visão contemporânea, existem filamentos entre os neurônios que funcionam como uma espécie de amplificadores não-lineares de voltagem e de freqüência. Assim sendo, o dendrito não pode ser considerado um simples mecanismo passivo, que produza a soma linear dos sinais de *input*. Não conhecemos ainda este aspecto do funcionamento cerebral, que parece ser uma sinfonia tocada em surdina, quase impossível de detectar. Em vez de portas lógicas o que temos são pequeníssimas passagens, que não funcionam por simplesmente *on* e *off*, mas algo semelhante a uma porteira, perto da qual se aglutinam pessoas que tentam "ganhar no grito" a disputa se a porteira deve permanecer fechada ou aberta. Tudo se passa como se em cada neurônio ocorresse, a cada milisegundo, um *pandemonium*, que teria de determinar um vencedor efêmero.

Neste sentido, a concepção dennettiana torna-se um interessante capítulo de neurociência computacional, uma vez que o *pandemonium* parece estar muito mais próximo da realidade cerebral do que possamos imaginar.

III

DENNETT E A PSICOLOGIA

Dennett é um crítico implacável do behaviorismo. Preocupado em marcar uma diferença entre suas posições e as de Skinner, ele o critica de forma extremamente ácida. Dennett não quer que sua teoria dos sistemas intencionais, pelo fato de ter como ponto de partida a observação do comportamento, seja confundida com algum tipo de behaviorismo.

Mas não é só isso. Há uma diferença sutil, mas importante, que marca uma divisão de águas entre Skinner e Dennett. O leitor se lembrará que logo nas primeiras páginas deste livro falamos de contextos intensionais (com s) ou contextos opacos que criavam a diferença entre "Jocasta" e "mãe de Édipo" além de outros casos semelhantes. Por exemplo, o termo "Vênus" refere-se à "Estrela da manhã", "Estrela da tarde" e "o segundo planeta mais próximo do sol". Cada um destes termos apresenta diferentes intensões ou significados, os quais não podem ser captados pela linguagem das ciências naturais. Vimos também que todo o edifício teórico da psicologia está erguido sobre esses termos intensionais, os quais permeiam suas diversas teorias: *apego, assertividade, instinto, ciúmes* etc. além de outros que não têm uma referência precisa no mundo, ou seja, não designam um conjunto preciso e finito de comportamentos e atitudes.

Contrariamente a Skinner, Dennett não acredita na possibilidade de que a psicologia possa um dia ser feita sem o uso desses termos intensionais, ou que eles possam ser reduzidos a termos extensionais – termos cujos referentes possam ser localizados e enumerados. Essa posição Dennett herda de seu mestre Quine, que em seu livro *Word and Object* (Palavra e Objeto)– um dos textos filosóficos mais importantes do século xx – teria demonstrado que não é possível descrever o comportamento sem lançar mão de termos intensionais. Isto é, só temos acesso a representações (ou modos de descrição) do comportamento e elas têm um papel causal no modo como o organismo reage ao meio ambiente. "Estrela da manhã" e "Estrela da tarde" produzem crenças e comportamentos completamente diferentes a partir de um mesmo objeto.

Se a tradução do intensional para o extensional fosse possível as explicações em psicologia seriam tão exatas quanto as da física, cujos termos designados pelas leis são precisamente capturados pela linguagem científica. As explicações em física partem de regularidades que podem ser generalizadas na forma de leis; para que o mesmo acontecesse em psicologia seria preciso que dois indivíduos diante de uma mesma situação ou objeto apresentassem comportamentos idênticos, o que permitiria estipular uma lei geral do comportamento. Mas não é isso o que acontece.

Diferenças de reação tornam as leis psicológicas, quando muito, regularidades estatísticas. Skinner não discorda dessa afirmação. Contudo, é preciso encontrar uma explicação para as diferenças de reações diante de uma mesma situação, ou seja, para os casos nos quais até mesmo as estatísticas falham – o que ocorre freqüentemente ao tratar de comportamentos humanos. Para o behaviorista radical essa diferença não poderia ser produzida por nenhum evento mental, pois isto seria incorrer em mentalismo.

Skinner recorre, contudo, à noção de "história de vida" para dar conta das diferenças inesperadas de reação. Diferentes indivíduos diante de uma mesma situação reagem diferencialmente porque tiveram diferentes histórias de vida. O problema é que, ao dizer isso, Skinner está introduzindo um termo intensional pela porta dos fundos. Não poderíamos montar diferentes histórias de vida de um mesmo sujeito – variar as intensões ou modos de descrever um mesmo objeto? Não seria "história de vida" um termo intensional impreciso, cujos referentes seriam difíceis de delimitar? E ao montar uma história de vida seria possível deixar de utilizar termos intensionais? Em outras palavras, seria possível descrever inteiramente comportamentos de seres humanos ou de animais sem recorrer, em algum momento, a termos intensionais ou mentalistas?

Dennett e Skinner concordam quanto à idéia de que "a história da vida mental de uma pessoa não pode ser mapeada com precisão na história extensional de eventos no corpo da pessoa, nem tem a história ordinária qualquer

D. Dennett, *Content and Consciousness*, p. 190.

precisão de si própria"[1]. Mas se isso não é problema para Dennett, para Skinner acaba sendo. Pois, ao introduzir a noção de "história de vida", parece inevitável defrontarmo-nos com termos intensionais, ou seja, termos cuja referência não pode ser demarcada com precisão. Skinner teria, então, tropeçado em suas próprias pernas, ao tentar propor para a psicologia um projeto científico que ela não pode suportar.

Não basta marcar diferenças. Em "Skinner Skinned" – ensaio publicado em *Brainstorms* – encontramos um arsenal de críticas ao behaviorismo radical. Uma das mais importantes é a de natureza metodológica, exemplificada pelo computador que joga xadrez. Suponhamos que um behaviorista e um dennettiano queiram predizer o comportamento de um computador enxadrista. Skinner procuraria registrar todos os movimentos que foram feitos e suas conseqüências, para ver quais deles foram "reforçados". Assim sendo, haveria alta probabilidade que um comportamento "x" (mover a rainha para a casa 4) se repetisse, porque, quando ele ocorreu alguma vez no passado, o computador foi reforçado para executar comportamentos semelhantes. Esse método requereria elaborar anos e anos de registros de jogadas e suas conseqüências, o que provavelmente seria um trabalho hercúleo.

O dennettiano adotaria uma estratégia mais simples. Como partidário da teoria dos sistemas intencionais, ele tentaria se colocar na posição do computador e se perguntaria "se eu fosse o computador, e dada a finalidade do jogo, o que eu faria agora para ser bem sucedido?" Essa seria, sem dúvida uma estratégia muito mais fácil de ser adotada, uma estratégia muito mais eficiente do ponto de vista pragmático.

O skinneriano fanático[2] poderia responder – e talvez com uma certa razão – que manter registros de jogadas e suas conseqüências foi precisamente a estratégia que permitiu Deep Blue vencer Kasparov há alguns anos. Essa é uma afirmação correta. Deep Blue possuía uma base de dados imensa, uma "memória" excepcional, e por isso venceu seu oponente humano. Mas será que poderíamos considerar Deep Blue como sendo efetivamente um computador enxadrista? Se ele fosse dotado de uma inteligência artificial estaria "aprendendo" à medida que novas jogadas iriam ocorrendo. Sua "memória", nesse caso, tornar-se-ia imensamente grande. Neste caso, não seria possível predizer seu comportamento, pois a expansão da coleção de registros de jogadas e suas conseqüências adquiriria um tamanho tão vasto, que não seria possível percorrê-la em pouco tempo para descobrir quais as melhores jogadas, que teriam ocorrido no seu passado de enxadrista artificial. Novamente, o behaviorismo radical se revelaria pragmática e economicamente inferior à teoria dos sistemas intencionais.

> **2** Está cada vez mais difícil encontrar skinnerianos fanáticos, pois, como bem observa Dennett, o behaviorismo radical não tem sido muito *reforçado* no mundo acadêmico de hoje.

I

Paralelamente à crítica ao behaviorismo radical, há um aspecto essencialmente construtivo na relação que Dennett estabelece com a psicologia. Nenhum filósofo do século XX criou tantas interfaces entre sua filosofia e outras disciplinas como Dennett. A teoria dos sistemas intencionais abriu caminho para um amplo espectro de interfaces, que vão desde a neurociência até a teoria dos jogos, passando pela inteligência artificial e pelas ciências sociais. Todavia, a mais interessante foi uma triangulação entre a filosofia da mente, a neurociência cognitiva e a psicologia do desenvolvimento: estas novas conexões se tornaram possíveis através da aplicação da teoria dos sistemas intencionais como ferramenta de investigação psicológica. Uma outra interface é também com a etologia cognitiva cujos resultados levaram Dennett a desenvolver uma ampla teoria sobre a cognição animal.

Isso confere à filosofia de Dennett um caráter peculiar. Tudo se passa como se sua teoria dos sistemas intencionais, mais do que especulação filosófica, adquirisse os contornos de uma hipótese psicológica testável. A relação da filosofia de Dennett com a psicologia e com a ciência cognitiva torna-se uma via de mão dupla, ou seja, ciência e filosofia mesclam-se e, assim, abandona-se a pretensão da filosofia de fornecer para a psicologia um fundamento único, uma base teórica geral. Problemas filosóficos podem ser esclarecidos pela ciência cognitiva e vice-versa.

Essa era uma idéia que Dennett já preconizava em 1978, no seu ensaio "A Inteligência Artificial como Psicologia e como Filosofia" publicado na coletânea *Brainstorms*.

Do lado da neurociência cognitiva uma interface interessante foi se estabelecendo à medida que neurocientistas foram procurando, em investigações com seres humanos e com primatas não-humanos, as bases neurais dos sistemas intencionais. Essas investigações foram realizadas por diversos pesquisadores e compiladas por Richard Griffin, do Centro de Estudos Cognitivos da Tufts University num artigo publicado em 2002. Essas contribuições neuropsicológicas convergiam no sentido de tentar correlacionar a função cognitiva dos sistemas intencionais e seu possível substrato fisiológico.

O primeiro passo para tentar mapear sistemas intencionais no cérebro foi o estudo do funcionamento de neurônios específicos em alguns macacos e em seres humanos. A busca por bases neurais não era apenas para a detecção de padrões de comportamento, a partir dos quais se poderia projetar ou inferir a existência de uma mente, mas diretamente para conhecer a capacidade do cérebro em identificar e "ler" imediatamente outras mentes, capacidade esta conhecida como *mindreading*[3].

Nessa linha de pesquisa inserem-se as investigações de Perrett, que estudou o funcionamento das células responsáveis pelo movimento das mãos, localizadas nas áreas ventrais do sulco temporal superior, e constatou que elas reagem a tipos

3 A. Whiten, The Emergence of Mindreading, em *Natural Theories of Mind*, p. 19-38.

específicos de ações, como, por exemplo, alcançar, agarrar, rasgar etc[4]. Uma reação mais intensa ocorria no caso de ações com finalidades específicas. Células no córtex frontal inferior complementam a ação daquelas situadas nas áreas ventrais do sulco temporal e codificam os componentes visuais e motores dessas ações. Essas células são os neurônios espelho aos quais já nos referimos, de passagem, no primeiro capítulo.

4 D. I. Perrett et al., Frameworks of Analysis for the Neural Representation of Animate Objects and Actions, *Journal of Experimental Biology*, p. 87-114.

Os neurônios espelho disparam quando o macaco presencia uma ação sobre um objeto e também quando ele a executa sobre esse objeto – daí elas serem chamadas de "espelho". Pesquisas mais recentes com neurônios espelho em seres humanos tentam estabelecer em que idade eles se tornam ativos. Há hipóteses sugerindo que eles se tornam ativos antes do primeiro aniversário. Um experimento feito em 2003 demonstrou que adultos que movem objetos desviam seu olhar para o destino final, poucos centésimos de milissegundo antes de concluir a ação e o fazem também quando vêem outras pessoas executando o mesmo tipo de ação.

Claes Von Hofsten, pesquisador da Uppsala University, na Suécia, reproduziu esse tipo de experiência monitorando o olhar de bebês enquanto eles assistiam a um vídeo em que uma pessoa colocava bolinhas num balde. A idade mínima na qual eles aprenderam a tarefa foi por volta dos nove meses. Bebês de um ano conseguiram antecipar com o olhar o destino final dos objetos, ao passo que os de seis meses não fixaram os olhos em nenhum outro ponto específico. Num experimento-controle foi constatado que crianças com um ano de idade, ao assistir um desenho animado no qual as bolinhas se moviam sozinhas até o cesto, não anteciparam o desfecho da ação. Isso indicaria que para entender as ações alheias o bebê precisaria relacioná-las aos próprios movimentos, o que só seria possível graças aos neurônios espelho, que se ativam na idade mínima de nove meses. Esse tipo de descoberta vem ao encontro de outras feitas pela psicologia do desenvolvimento, na qual se constata, cada vez mais, que a capacidade de reconhecer outras mentes ocorre logo nos primeiros anos de vida e não apenas aos quatro anos de idade como inicialmente se pressupunha.

Mapeamentos mais precisos revelaram também que o sulco temporal superior contém ainda um outro grupo de neurônios que identifica movimentos dos olhos e da cabeça, uma espécie de mecanismo específico para a leitura/detecção de outras mentes. A percepção do movimento de seres vivos também é efetuada por regiões próximas ao sulco temporal superior. Outros estudos, através de neuroimagem, mostraram a ocorrência de ativação no giro anterior superior temporal, diante de ações como caminhar, dançar, jogar objetos etc.

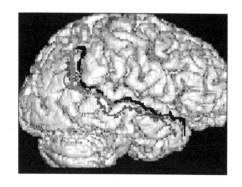

Ilustração 1: Figura do cérebro realçando o sulco temporal superior.

A amígdala também foi identificada desempenhando um papel importante na detecção de intenções de outros humanos a partir dos olhos e no reconhecimento das emoções através da expressão facial. Além da amígdala estudos sobre a atividade de neurônios, situados no córtex infratemporal, mostraram que eles reagem preferencialmente a informações transmitidas através de rostos, tais como identidade, *status*, emoções e, juntamente com as células da amígdala, tornam-se ativos em situações que envolvem estímulos sociais complexos.

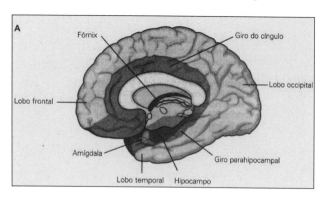

Ilustração 2: Amígdala

2

O uso da teoria dos sistemas intencionais como método de investigação em psicologia levou à formulação de uma nova hipótese acerca da natureza e das causas do autismo. Um dos sintomas característicos desse transtorno na infância é o fato de a criança não conseguir desenvolver relações sociais normais, além de se comportar de modo compulsivo e ritualista.

Partindo da idéia de que a chave para a compreensão desse tipo de transtorno está na incapacidade de desenvolver relações sociais normais, esta teoria afirma que as crianças autistas têm um déficit na sua capacidade de aplicar a perspectiva intencional, um déficit que as impede de perceber os comportamentos de outros seres vivos como resultado de suas intenções, crenças, desejos etc. O autista não atribui ao outro um sistema intencional, nem consegue fazer uso da psicologia popular. Simon Baron-Cohen é o principal proponente desta teoria; formulada num artigo escrito em conjunto com Leslie e Frith em 1985 "Does the Autistic Child Have a Theory of Mind?" (Terá a Criança Autista uma Teoria da Mente?).

A criança autista não tem uma "teoria da mente". "Teoria da mente" designa, de modo geral, nossa capacidade de perceber e compreender que outras pessoas têm mentes que guiam seus comportamentos. Atribuir uma teoria da mente significa tratar o outro como um sistema intencional. O termo "teoria da mente" foi criado por

David Premack em 1978 em seu célebre artigo, escrito com Woodrufff "Does the Chimpanzee Have a Theory of Mind?" (Terá o Chimpanzé uma Teoria da Mente?). Desenvolver uma teoria da mente é quase a mesma coisa que desenvolver uma "psicologia popular", uma empatia ou uma capacidade de colocar-se "na pele dos outros".

As investigações de Baron-Cohen tiveram um grande impacto na comunidade psicológica quanto a hipóteses sobre a formação da teoria da mente. Se a ausência de uma teoria da mente era responsável pelo autismo, era preciso determinar se ela possuía origem genética ou se poderia ser adquirida no processo de desenvolvimento. Confirmar essas hipóteses teria grande importância na estratégia a ser adotada para um possível tratamento desse tipo de transtorno. A proposta inatista parece ser aceita pela maioria dos pesquisadores e passa pela necessidade de determinar se o cérebro humano normalmente tem um módulo correspondente à teoria da mente.

A idéia de que a criança já nasce com uma psicologia popular foi amplamente defendida por Jeny Fodor[5]. Segundo sua teoria modular, o ser humano tem um módulo social que lhe permite adquirir a psicologia popular da cultura da qual ele faz parte. Essa capacidade envolveria um processo de inferir de um conjunto de crenças outro conjunto, através de algumas regras. Leslie também sugeriu este ponto de vista, argumentando que a ausência da habilidade para a psicologia popular nas crianças autistas confirmaria

---

[5] Discussion: a theory of child´s theory of mind, *Cognition*, 44, p. 283-296.

a hipótese[6]. Ou seja, as crianças autistas teriam um *deficit* neurológico inato.

Baron-Cohen, numa entrevista recente, sustenta que o cérebro do autista fornece os indícios para localizar o módulo da psicologia popular – a não ser que a teoria da mente resulte de uma atividade global e integrada do cérebro, o que é pouco provável[7]. Até o momento existem algumas hipóteses acerca da localização do módulo da teoria da mente, seja no córtex órbito-frontal direito ou no córtex frontal médio esquerdo, mas ainda não se chegou a um consenso quanto a sua possível localização.

Apesar das pesquisas sobre teoria da mente de Baron-Cohen e sua equipe terem reforçado o ponto de vista inatista, há outras perspectivas acerca da teoria da mente. A oposição entre o inato e o adquirido, que também aparece nesta área, revela uma falta de consenso mais radical quanto à própria natureza da teoria da mente. Se, para alguns, teoria da mente é o processo de aquisição da psicologia popular ou elaboração de um tipo de teoria por parte das crianças (perspectiva conhecida como teoria da teoria da mente), para outros não existe aquisição de teoria, mas apenas capacidade de simulação do comportamento dos adultos através da introspecção. Para outros ainda, a psicologia popular não seria nenhum tipo de conhecimento, mas apenas um conjunto de práticas e convenções culturais.

6 A. M. Leslie, Pretense and Representation, *Psychological Review*, 94, p. 412-416.

7 Ver M. Gazzaniga; R. Ivry; G. Mangun, *Cognitive Neuroscience*, p 544-545.

Para quem defende a perspectiva da "teoria da teoria da mente" a criança, ao interpretar seus estados mentais e dos outros, elabora uma teoria – não uma teoria explícita, mas um sistema de inferência ou algo como um conhecimento implícito, que ela passa a aplicar àqueles que a cercam. Já para quem defende a perspectiva da simulação, a criança estaria simulando uma teoria; o que a permitiria pensar como atuaria estando no lugar do outro, ou seja, emularia o outro usando seus recursos emocionais. Os defensores da idéia de que a psicologia popular não é nenhum tipo de conhecimento, como Hobson[8] enfatizam sua aquisição através da experiência das relações interpessoais.

8 R. P. Hobson, Against the Theory of ''Theory of Mind'', *Britsh Journal of Developmental Psychology*, 9, p. 33-51.

Esse desacordo levou à realização de uma série de pesquisas, no campo da psicologia experimental, para determinar em que estágio as crianças adotam a perspectiva intencional em relação a elas próprias e em relação aos outros. Pois, se a teoria da mente não é inata, deve ser possível determinar em que idade ela surge na criança. As primeiras pesquisas, mais tradicionais, afirmaram que a criança desenvolve uma teoria da mente quando atinge a idade de quatro anos. Contudo, várias controvérsias cercam esse tipo de afirmação. Alguns pesquisadores consideram que a teoria da mente surge no universo infantil muito antes, ou seja, logo depois que a criança começa a falar – o que seria confirmado pela pesquisa neurológica que situa a atividade dos neurônios espelho no início da infância.

Atualmente, afirma-se que há evidências no sentido de que a teoria da mente se desenvolve muito mais cedo na criança, identificando formas mais rudimentares como possíveis precursoras dessas capacidades, como por exemplo, nas brincadeiras de faz-de-conta e na utilização de verbos mentais aos dois anos e meio. Estudos revelaram que crianças com dezoito meses podem inferir intenções e propósitos de um agente quando este não consegue realizá-los. Nesses estudos as crianças "completam" a ação dos agentes, mas não o fazem quando estas são realizadas por máquinas, talvez pelo fato de a criança não atribuir intenções às máquinas. Mais interessante ainda de notar é o fato de a criança imitar uma intenção não realizada, quando a ação é acompanhada por uma frase que se refere a ela, mas não quando essa frase é acidental.

Inicialmente Dennett defendeu a visão tradicional, inspirando-se no artigo de Premack e Woodruff sobre a presença de uma teoria da mente nos chimpanzés, o que o levou a sustentar que esta só se desenvolve na criança a partir dos quatro anos. Ele acreditava, juntamente com alguns pesquisadores do final da década de 1970, que só se poderia atribuir uma teoria da mente a uma criança se ela demonstrasse a compreensão de uma crença falsa, ou seja, compreender que uma determinada crença do outro poderia estar em conflito com a realidade.

Em outras palavras, trata-se de adquirir a capacidade de observar discrepâncias entre a própria maneira de perceber o mundo e a maneira como o outro o percebe – uma percepção que certamente envolve a atribuição de uma "mente" ao outro. Esse ponto de vista foi revisto por Dennett mais tarde, na metade da década de 1980, quando novas evidências neurológicas forçaram-no a atribuir uma teoria da mente à criança mais cedo no seu processo de desenvolvimento.

3

Em 1983, Dennett publica o artigo "Intentional Systems in Cognitive Ethology – The Panglossian Paradigm Defended" (Sistemas Intencionais em Etologia Cognitiva – Uma Defesa do Paradigma Panglossiano). Nesse trabalho, ele faz uma aplicação explícita dos princípios da teoria dos sistemas intencionais ao estudo da cognição animal, o que estabelece pela primeira vez uma ponte entre etologia e ciência cognitiva. Para isso Dennett recupera a idéia de que os animais são seres que têm mentes, ou, pelo menos, mecanismos cognitivos que poderiam influenciar seus comportamentos.

Essa idéia, que nos parece sensata hoje em dia, não era nas décadas anteriores, quando a etologia ainda era, nos Estados Unidos, fortemente dominada pela psicologia skinneriana. Achava-se que o estudo do comportamento dos animais deveria ser a única preocupação da etologia e que poderia ser realizado, em grande parte, nos laboratórios. Na Europa os animais eram estudados em seus "habitats" através de observações em campo, e o mais importante era o exame da evolução de seus comportamentos, à luz de pressões evolucionárias. Nessas duas perspectivas a etologia estaria muito mais próxima da biologia do que da psicologia.

O artigo de Dennett teve um enorme impacto no estudo da comunicação animal. Ele estimulou a realização de novos experimentos nesta área de pesquisa, além de produzir algumas mudanças paradigmáticas na etologia. A primeira consideração de Dennett, ao dizer que os animais têm mentes, é também afirmar que eles são sistemas intencionais – embora o sejam numa medida muito menos sofisticada do que os seres humanos.

Mas que tipo de crenças e desejos os animais podem ter? A teoria dos sistemas intencionais permite classificá-los como sistemas intencionais de nível 0, de nível 1 ou de nível 2. No nível 0, temos uma correlação no nível estímulo–resposta ou um significado do tipo "onde há fumaça, há fogo". Ao nível 0, de intencionalidade correspondem comportamentos como, por exemplo, o da rã que salta em busca de alimento. O aparelho ótico desses pequenos animais funciona como uma espécie de filtro dos dados que eles recebem de seu meio ambiente: as rãs só podem perceber pequenos objetos em movimento ou grandes vultos. Esses dois tipos de percepção correspondem a alimento (pequenos insetos voadores) e a ameaças ambientais (predadores), que são discriminados pela rã.

Quando a rã percebe um pequeno objeto em movimento, lança sua língua para fora e salta em sua direção. O comportamento se segue à detecção do objeto que adquire significação, na medida em que a rã identifica, no meio ambiente, um elemento que permite ao organismo a satisfação de uma necessidade biológica básica (alimento). A adequação do comportamento é obtida na medida em que o aparelho ótico do animal funciona seletivamente em relação aos dados que chegam. Esse ganho em adequação comportamental corresponde a uma perda em termos de flexibilidade do comportamento desses animais: se o ambiente mudar repentina e drasticamente, ou se eles forem removidos para um ambiente sem insetos voadores, eles certamente não sobreviverão.

Um outro exemplo de nível 0 de intencionalidade são os gritos dos macacos vervets, estudados pelos etologistas Cheney e Seyfarth, no parque nacional Amboseli, no Quênia (onde Dennett também realizou trabalho de campo). O livro destes primatologistas, *How Monkeys See the World* (Como os Macacos Vêem o Mundo), tornou-se um clássico da etologia cognitiva, no qual é estudada a linguagem rudimentar desses animais e sua capacidade de identificar o comportamento de seus companheiros. Ao estudar as vocalizações dos macacos vervets, esses pesquisadores constataram que algumas delas funcionam como uma espécie de alarme de que um determinado tipo de predador está se aproximando. Quando o grupo ouve esse tipo de grito manifesta sempre um mesmo tipo de comportamento, seja o de subir numa árvore ou o de se esconder no meio de arbustos.

Mas os macacos vervets também possuem intencionalidade nível 1. Ele pode, por exemplo, emitir sons de alarme de que um leopardo está chegando, para interferir nas crenças de seus companheiros e fazer com que eles subam nas árvores. Nesse caso, ele está agindo sobre os estados mentais dos outros membros do grupo. Contudo, o nível 2, ou o nível humano, mais sofisticado de intencionalidade, os macacos vervets não possuem. Os animais não podem ter crenças sobre crenças. Eles podem tentar agir sobre o comportamento de seus semelhantes, mas não agir sobre as crenças que seus semelhantes têm acerca de suas próprias crenças, ou seja, sobre *os estados mentais que causam seus comportamentos* de modo a poder manipulá-los. O desenvolvimento de sua "inteligência maquiavélica" é limitado, sobretudo porque requereria, em princípio a capacidade do animal de reconhecer no outro uma mente, o que não ocorre – como, aliás, foi mostrado por Premack e Woodruff.

Em outras palavras, os animais não podem elaborar um modelo mental do modelo mental do outro – o que certamente diminui sua capacidade de predição do comportamento de seus semelhantes e de outros animais. Predizer o comportamento do outro é tarefa dificílima, especialmente nas situações simples, porém pouco predizíveis, com que se deparam os animais – situações novas para as quais a evolução não providenciou uma resposta-padrão. Essa capacidade, por enquanto somente humana, de elaborar modelos mentais dos modelos mentais dos outros (e assim por diante), abre uma porta para a aplicação da concepção dennettiana de sistemas intencionais à teoria dos jogos, na medida em que se estabelecem relações de aposta e de probabilidades – uma outra interface de sua filosofia que ainda aguarda ser explorada.

O impacto destas idéias sobre a etologia foi muito grande. Em primeiro lugar, a introdução da idéia de mecanismos cognitivos ou sistemas intencionais simplificados permitia estabelecer um meio termo entre uma etologia estritamente comportamental e uma que se arriscaria ao sabor da interpretação humana ou antropocêntrica do comportamento animal. Na aplicação dos sistemas intencionais como ferramenta metodológica, a intencionalidade de nível 1 não nos força a um comportamentalismo estrito. Por outro lado, a teoria dos sistemas intencionais irá nos ajudar também a desmascarar os excessos de atribuição de mentalidade, ao chamar a atenção para o fato de que animais não têm intencionalidade nível 2, embora raciocínio e cognição possam existir sem linguagem.

Em segundo lugar, conforme observam Cheney e Seyfarth o artigo de Dennett trouxe uma grande modificação na maneira de conceber a "linguagem" dos macacos. Antes dele, quando se estudava a linguagem dos primatas, o foco era sempre na sintaxe, sobretudo porque os macacos mantidos em laboratório podiam aprender linguagem de signos, manusear teclados etc. Em vez de se perguntar se um macaco pode formar uma sentença, Dennett adota uma abordagem diferente, perguntando se o macaco pode reconhecer um estado mental de seu companheiro e qual efeito sua "linguagem" pode ter sobre ele. Ou seja, Dennett começa pela cognição para depois se concentrar sobre habilidades lingüísticas. Cheney e Seyfarth especulam que a dupla ausência de sintaxe e de intencionalidade nível 2 nos macacos, não é um acidente e sim um sintoma ou conseqüência de sua incapacidade de reconhecer os estados mentais dos outros animais[9]. Pois se é através da sintaxe que projetamos possíveis sentenças, tal como são construídas na mente dos outros, é preciso, antes de mais nada, ter uma mente e reconhecer sua presença no outro para poder fazer isso.

9 D. L. Cheney e R. M. Seyfarth, Why Animals Don´t Have Language, *the Tanner Lectures on Human Values*, p. 173-209.

A negação da possibilidade de primatas desenvolverem uma intencionalidade de segunda ordem parece ter influenciado as posições que Dennett adotará, posteriormente, acerca da consciência animal. Em *Tipos de Mentes*, Dennett refaz questões fundamentais sobre a mente animal, ou seja, se os animais têm mente, consciência e autoconsciência. Publicado em 1995, encontramos neste livro uma tipologia do mental que reflete a classificação de níveis de intencionalidade no estudo da consciência animal que Dennett tinha proposto no estudo dos macacos vervets. Ou seja, a diferentes níveis de intencionalidade correspondem diferentes tipos de mentes, numa classificação que seguiria não apenas uma ordem conceitual, mas também a ordem evolucionária.

Há, em princípio, quatro tipos de mentes, que refletem uma gradação do animal ao humano e acompanha, paralelamente, a escala que vai da intencionalidade 0 à intencionalidade de nível superior:

a. criaturas darwinianas, selecionadas por tentativa e erro com base nas características (morfologia) de seus corpos, ou seja, a partir de combinações e mutações de genes;

b. criaturas skinnerianas, capazes de ação independente e por isso podem aumentar suas chances de sobrevivência, encontrando a melhor ação (o condicionamento se sobrepõe à seleção genética por tentativa e erro). No caso destas criaturas o *design* dos organismos não está completo desde o nascimento, havendo um espaço para um ajuste através de ações sobre o meio ambiente até que a mais adequada seja selecionada;

c. criaturas popperianas que podem simular hipóteses num ambiente também simulado e, com isso, reduzir a possibilidade de um efeito negativo drástico de suas ações num ambiente real, ou seja, arriscam-se menos em suas ações sobre o meio ambiente

d. Finalmente, existem as "criaturas gregorianas" que utilizam ferramentas e possuem linguagem. As criaturas gregorianas apóiam-se numa memória externa simbólica, como é o caso, por exemplo, da linguagem e da escrita humanas.

É claro que as criaturas c e d têm uma possibilidade muito maior de desenvolver uma intencionalidade de nível superior, na medida em que elas são dotadas de ,uma percepção de seus estados internos e de linguagem.

Tipos de Mentes acabou se tornando um dos livros mais polêmicos de Dennett. Os animais estão longe de serem criaturas gregorianas e, por isso, de terem qualquer forma de consciência. Consciência – como vimos no capítulo anterior – pressupõe a elaboração de narrativas internas e de um elevado grau de socialização, o que não ocorre com animais que, diferentemente dos humanos, não foram capazes de criar, através de uma grande extrusão, um universo simbólico sobre o qual se apóia o pensamento. A negação de consciência aos animais colocou Dennett na contramão das tendências filosóficas contemporâneas, que cada vez mais defendem os direitos dos animais e pregam uma dieta vegetariana, devido ao fato de atribuírem a eles estados mentais e uma proximidade maior ao universo humano.

Dennett só abre uma exceção: os cães. Cães não têm intencionalidade nível 2 nem tampouco sintaxe. Os cães não têm noção de que as estações do ano se sucedem de forma cíclica, isto é, que ao frio se sucederá uma estação mais quente e que, mais adiante, o frio voltará. Contudo, eles possuem uma mente mais próxima à humana do que outros animais. A razão para isso estaria na história evolucionária que desde muito tempo aproximou homens e cães, num processo de socialização mútua. Esse contato teria se desenvolvido quando homens e cães vagavam pelo planeta em bandos nômades e precisavam revezar a guarda para poderem dormir sem serem atacados pelas feras. Cães e homens teriam se associado desde essa era o que teria aproximado mentes humanas de mentes caninas até os dias de hoje.

IV

CONCLUINDO

O breve percurso que fizemos até agora nos permite avançar algumas conclusões sobre a filosofia de Dennett. Que lições podem emergir de sua teoria dos sistemas intencionais? A primeira delas – e talvez a mais importante – é a de que o *sentido* é um patrimônio filosófico e, como tal, irredutível a um fenômeno detectável. O sentido está também presente na literatura, na poesia, na matemática – ele pode estar em toda parte e nenhuma, como expressão ou manifestação, mas nunca como uma *coisa*.

A natureza *é* um sentido na medida em que ela não é uma coisa e sim *representação* das coisas. Nossa ciência não acessa o mundo como ele é, mas sim como ele é construído e percebido pelo nosso aparato cognitivo. O grande mérito das ciências da natureza – e no caso, especificamente da física – foi ter conseguido uma transposição entre o mundo das aparências, dos fenômenos observáveis e a linguagem da matemática. Foi isto que tornou a ciência uma "linguagem bem feita", como disse Merleau-Ponty, pois nesta transposição preservou-se o sentido.

O mesmo gostaríamos de poder fazer com a psicologia e com a neurociência. Contudo, no caso da ciência da mente a transposição teórica para uma linguagem extensional, como ocorreu no caso das ciências da natureza, terá de esperar muito. Ou, talvez, nem chegue a ocorrer. Tampouco podemos acreditar que decifrar o código neural, e transformá-lo num conjunto de equações matemáticas, vá esclarecer muito acerca da natureza do nosso psiquismo.

A segunda lição consiste em afirmar que, embora o sentido seja inescrutável, isso não o torna, contudo, incompatível com os grandes progressos da neurociência – e esse é um dos grandes méritos da filosofia dennettiana. O intencional não é algo que é *acrescentado* ao comportamento ou a alguma estrutura cerebral, ou, como afirmou Dennett, "não é uma história sobre características do mundo, *somadas* às características da história extensional, apenas descreve o que acontece de maneira diferente"[1]. O extensional é uma variação – ou mais uma variedade do intensional, e, assim sendo, não há razão porque privilegiá-lo, talvez o façamos por gostarmos excessivamente das *hard sciences* ou por acharmos que elas devem fornecer, necessariamente, o melhor modelo de conhecimento possível.

O mapeamento do cérebro – que se iniciou recentemente, levando-nos em direção ao extensional – atingirá uma grande precisão nos próximos anos, mas ele só terá significado se for sempre acompanhado de uma atribuição de sentido feita pela *folk psychology*. Toda a ciência começa

[1] D. Dennett, *Content and Consciousness*, p. 78.

na sua forma *folk*, seja a biologia *folk* seja a física *folk*. Essas formas "populares" são o ponto de partida do conhecimento, da mesma maneira que foi da percepção da terra como algo plano que brotou a física moderna e a cosmologia do *big bang*. Essa talvez seja a razão pela qual a psicologia científica terá de continuar convivendo com a psicologia popular mesmo que esta venha a se tornar como querem alguns, apenas neurociência: no estudo do mental é possível o sentido sem a referência, mas não o oposto, como ocorre, por exemplo, com a mecânica quântica na qual essa situação encontra-se, por vezes, invertida.

Mesmo que um dia encontremos os correlatos neurais da *folk psychology*, esses serão sempre extremamente fugazes. Esta afirmação, com a qual Dennett certamente concordaria, encontramos nos textos de seu mestre Quine, que num texto de maturidade diz

> cada ocorrência de um estado mental é, insistimos, uma ocorrência de um estado físico de um corpo, mas correlacionar estas ocorrências não é possível, na medida em que não podemos efetuar uma redução do mental para termos fisiológicos[2].

Este materialismo minimalista é confirmado cada vez mais pelos estudos sobre correlatos neurais da consciência, como os de Antii Revonsuo[3] e os de Alva Noë[4]. Eles

2 Veja-se o livro de Quine, *From Stimulus to Science*, p 26. Fiz uma tradução livre.

3 A. Revonsuo, Can Functional Brain Imaging Discover Conciouness? *Journal of Consciousness Studies*, n. 3, p. 3-23.

4 R. Alva Noë, Are There Neural Correlates of Consciousness? *Journal of Conciouness Studies*, n. 1, p. 3-28.

mostraram não ser possível através da neuroimagem, detectar correlatos neurais da consciência. Corroborando esta perspectiva, Alva Noë se questiona até que ponto a neurociência cognitiva, na sua obsessão cartográfica, não estaria usando instrumentos altamente modernos, aliados a conceitos obsoletos de percepção e de consciência, derivados da psicologia do século XIX ou mesmo do senso comum.

As objeções de Revonsuo são técnicas e metodológicas, abrangendo desde o exame do funcionamento neuronal usando micro-eletrodos, passando pelo EEG, o PET e o FMRI, numa forte crítica às pretensões reducionistas. Mesmo que assumíssemos, por hipótese, o caráter biológico da consciência – a neuroconsciência, como ele a batiza – nossos instrumentos estão longe de mostrar esta redução como uma possibilidade real. Contrariamente ao que se esperava, a neuroimagem reforçou o materialismo *token-token*, ou seja, a visão de que a um estado mental deve corresponder *algum* estado cerebral, mas que não existe uma correspondência biunívoca entre estados mentais e correlatos neurais.

Esse materialismo minimalista é ainda confirmado pelos experimentos de Wise, que mostraram serem as mesmas áreas do cérebro que cintilam, quando é apresentada ao sujeito uma seqüência de palavras ou uma seqüência de letras que não fazem sentido algum[5]. O sentido não é detectável e muito menos redu-

5 R. Wise; F. Chollett et al., Distribution of Cortical Neural Networks Involved in Word Comprehension and Word Retrieval, *Brain*, 114, p. 1803-1817.

tível ao extensional. Estes são profundos ecos da obra de Quine na filosofia dennettiana.

Isso significa cortar o sonho reducionista pela raiz, sem, entretanto, defender uma filosofia da mente, que seria incompatível com a visão científica do mundo. No caso, trata-se de uma filosofia que não é incompatível com os progressos da neurociência, nem, tampouco com os da inteligência artificial e da robótica. E isto pode ser vantajoso para Dennett, que não se posiciona contra a ciência, como o faz, por exemplo, o filósofo contemporâneo Thomas Nagel que acaba sucumbindo a um programa dualista sem perspectivas futuras[6].

Mas será a perspectiva intencional realmente o mapa do tesouro, que nos permite desvendar todos os segredos da mente, como diz Dennett? Esta indagação leva-nos a uma outra, talvez mais complexa: até o momento falamos sobre a *função* da psicologia popular, sem, entretanto dizermos *o que ela é* e, se ela se formou ao longo da evolução, como isto poderia ter ocorrido. É bem provável que a psicologia popular seja um sistema de crenças falso. Sua falsidade, neste caso, seria do tipo que contrapõe mecânica clássica à mecânica quântica. Não teria cabimento usarmos a física quântica para

6 Seria interessante questionarmos o que Nagel chama de "posição" ao falar de posição de primeira e terceira pessoa. E porque caracterizar a perspectiva do morcego como posição? Não implicará a idéia de "ponto de vista" assumir uma posição no espaço? O que se entende aqui por posição? Será esse aspecto físico a perspectiva perceptiva do sujeito, na medida em que dois objetos não podem ocupar o mesmo lugar? Não estaria aqui Nagel apelando para uma metáfora espacial, ao usar a idéia de posição física para fundamentar a idéia de uma subjetividade inescrutável – ou seja, fundamentando sua idéia de subjetividade em algo físico? Que legitimidade pode ter tal metáfora?

projetarmos estruturas em engenharia. Para isso temos de recorrer só à mecânica clássica. O emprego de uma teoria menos precisa torna-se justificável – e é precisamente o que ocorre no caso do uso da psicologia popular.

Mas há ainda outras questões. Será que a perspectiva de planejamento (*design stance*) não pressuporia os olhos de um observador que discerniriam um projeto – um *design* – em organismos ou sistemas? Poderíamos prescindir dos olhos do observador e buscar o sentido na própria organização da natureza e na evolução?

Uma crítica à filosofia de Dennett consiste em alegar que sua teoria da mente pressupõe a existência de uma mente que interprete o comportamento dos organismos e sistemas, e que a eles atribua racionalidade e estados intencionais[7]. A resposta dennettiana a esse ataque é insistir que devemos buscar o sentido na própria organização da natureza – uma organização produzida pela evolução e pela seleção natural darwiniana. O sentido estaria na própria natureza, da mesma maneira que o identificamos no somático, no caso, por exemplo, de certas doenças. É preciso, contudo, não esquecer que a própria evolução é uma metáfora e é isto que confere sentido ao darwinismo – uma teoria que também está escrita em linguagem intencional. A própria idéia de adaptação, por exemplo, é uma idéia intensional (com s), pois ela não se refere a propriedades físicas determinadas, ou seja, propriedades adaptativas dependem essencialmente de contextos nos quais se encontra o organismo.

> **7** Ver, por exemplo, a crítica de J. Heil, no seu livro *Philosophy of Mind*.

Se a evolução é escrita em linguagem intensional, podemos afirmar que, se de um lado, tudo o que se refere à mente pode ser desvendado utilizando a descoberta desse tesouro, por outro lado, o intencional nos aprisiona num mundo humano, demasiadamente humano. Ou, para usar uma outra metáfora, citada por Quine, o intencional e a linguagem nos aprisionam na barca de Neurath. A barca de Neurath é uma metáfora para nossa situação cósmica, quer diga respeito à linguagem quer diga respeito ao pensamento. É um barco cujos tripulantes reformam seu casco o tempo todo, sem nunca poderem sair dele. Falar da nossa linguagem e de nosso pensamento só pode ser feito pelo linguajar e pelo pensar, que nunca podem ser abandonados. E, da mesma forma que um microscópio não pode enxergar-se a si próprio, talvez nunca consigamos uma posição transcendental que nos permita enxergar o que é o nosso pensamento, ultrapassando, assim, os limites da psicologia popular.

Mas há ainda muitas outras tensões na filosofia de Dennett – a maioria delas ainda não resolvida. Como pode a instância intencional ser, ao mesmo tempo instrumental e ser algo no cérebro – talvez as células espelho? Mas não equivaleria isto ao paradoxo de um mapa cujas legendas fariam parte dele, em vez de serem uma tabela ao lado que serviria para interpretá-lo? Será a instância intencional realmente transcendental? Seria Dennett, neste caso, herdeiro de um cripto-kantismo[8] como afirmado pelos organizadores da obra

8 Cripto-kantismo seria uma forma disfarçada de kantismo.

Naturalizing Phenomenology (Naturalizando a Fenomenologia), no longo prefácio com que abrem essa obra coletiva? Ou haveria, neste caso, uma tensão implícita na própria filosofia de Dennett?

Discordamos parcialmente dessas visões. Não é preciso defender o caráter transcendental da perspectiva intencional para encontrar coerência no pensamento dennettiano e evitar que ele sucumba a paradoxos. A dificuldade pode ser resolvida se considerarmos o aspecto dual que a *folk psychology* pode ter, ou seja, entre seu uso coloquial e seu uso como conjunto de termos teóricos para construir teorias psicológicas. O uso coloquial pode focá-la como fenômeno psicológico que ocorre diariamente. Seu uso como termo teórico faz, contudo, com que ela ingresse em teorias psicológicas não apenas como material, mas como conceito articulador para as próprias teorias. Confundir esses dois usos possíveis da *folk psychology* é que pode fazer-nos embarcar em confusões. É nesse sentido também, que não há contradição entre localizar cerebralmente as células responsáveis pela produção da perspectiva intencional e conceber esta última a partir de um ponto de vista instrumentalista.

Se a evolução é uma grande metáfora organizadora do pensamento biológico, infelizmente não podemos afirmar que a psicologia tenha encontrado sua metáfora privilegiada para explicar o mental. Tampouco ela discerne aquelas que são apropriadas ou não. Não sabemos por onde começar para elaborar modelos psicológicos ou cerebrais; não há unanimidade na comunidade científica acerca da organização cerebral, se ela é equipotencialista, holista ou localizacionista.

Esquece-se que ao tentar construir qualquer tipo de modelo psicológico ou cerebral estamos, na verdade, aproximando uma suposta representação mental com uma representação neuronal, o que faz com que o tempo todo giremos em círculos, pois um pensamento só pode ser relacionado com outro pensamento. É esta nossa situação cósmica, como muito bem percebeu Kant (e talvez aqui esteja um vestígio de cripto-kantismo na obra de Dennett) na sua crítica à psicologia racional de sua época. Uma situação cósmica que condena a psicologia a uma infância perpétua. Por vezes, pensamos que podemos construir uma tópica real ou um modelo do cérebro, utilizando metáforas hidráulicas ou computacionais. Esquece-se que o problema da localização cerebral funcional – o mais candente aberto pela neurociência cognitiva – é feito por uma mente, que não é transcendente para se certificar da realidade de suas metáforas. Metáforas estas que, freqüentemente, são do tipo espacial, pois localizam as "funções cognitivas superiores" no topo de uma pirâmide e as "inferiores" na sua base – mas quem pode nos garantir que é essa a organização real do nosso cérebro?

Se, como sugeriu Robinson, a ciência é a infância perpétua da filosofia, a psicologia certamente ainda não alcançou sua maturidade. E talvez nunca alcance. É isto que é sugerido, em última análise, por Dennett: a psicologia popular é ponto de partida e de chegada da psicologia. Ela é nossa *Ur-Arké* (como disse Husserl), a terra plana como nossos olhos desvelam; é uma percepção falsa, mas que implica uma possibilidade real e verdadeira de nos deslocarmos em distâncias curtas. Uma teoria falsa pode ter conseqüências verdadeiras. Essa talvez seja a primeira e a última sentença que possa ser pronunciada por um cético, digo, um filósofo.

Bibliografia e Referências

Obras de Dennett

Brainchildren: Essays on *Designing Minds.* Cambridge, MA: The MIT Press, 1998.

Brainstorms: Philosophical Essays on Mind and Psychology. Montgomery, Vt: Bradford Books, 1978.

Breaking the Spell: Religion as a Natural Phenomenon. New York: Viking Penguin, 2006.

Consciousness Explained. Boston: Little, Brown e Cia, 1991.

Content and Consciousness. London: Routledge & Kegan Paul, 1969.

Darwin's Dangerous Idea: Evolution and the Meanings of Life. New York: Simon and Schuster, 1995.

Freedom Evolves. New York: Viking Penguin, 2003.

The Intentional Stance. Cambridge, MA: The MIT Press, 1987.

Kinds of Minds: Towards an Understanding of Consciousness. New York: Basic Books, 1996.

Sweet Dreams: Philosophical Objections to a Scientific Theory of Consciousness. Cambridge, MA: The MIT Press, 2005.

Outras Obras

ALVA NÖE, Robert. Are There Neural Correlates of Consciousness? *Journal of Consciousness Studies,* v. 11, n. 1, 2004.

BARON-COHEN, Simon; LESLIE, Alan M.; FRITH, Uta. Does the Autistic Child Have a "Theory of Mind"? *Cognition,* 21, 1985.

BENNETT, M. R.; HACKER, P. M. S. *Philosophical Foundations of Neuroscience.* Oxford: Blackwell Publishing. 2003.

CALVIN, William. *The Cerebral Symphony.* New York: Bantam Books. 1990.

_____. *How Brains Think.* New York: Basic Books. 1996. Tradução Brasileira de Alexandre Tort, *Como o Cérebro Pensa.* Rio de Janeiro: Rocco, 1998.

CHALMERS, David. *The Conscious Mind.* Oxford: Oxford University Press, 1996.

CHANGEUX, Jean Pierre. *The Physiology of Truth,* Cambridge, MA: The Belknap Press, 2004.

CHENEY, Dorothy L.; SEYFARTH, Robert M. *How Monkeys See the World.* Chicago: University of Chicago Press, 1990.

_____. Why Animals Don`t Have Language. In: PETERSON, G. (ed.) *The Tanner Lectures on Human Values,* v. 19. Salt Lake City: University of Utah Press, 1998.

DENNETT, Daniel. Intentional Systems in Cognitive Ethology – The Panglossian Paradigm Defended. *Behavioral and Brain Sciences,* 6, 1983.

_____. The Virtues of Virtual Machines. In: <http://ase.tufts.edu/cogstud/papers/VIRTUES.FIN.htm>. Acesso em: 17/11/2008.

_____. Consciousness: more like fame than television. <In: http://pp.kpnet.fi/seirioa/cdenn/concfame.htm>.Acesso em: 17/11/2008.

DESCARTES, René. [1641] *Méditations.* In: *Oeuvres philosophiques de Descartes.* Apresentação de F. Alquié. Paris: Garnier Frères, 1963, t. 1.

ELTON, Matthew. *Daniel Dennett: Reconciling Science and Our Self-Conception.* London: Polity Press, 2003.

FEIGENBERG, Todd. Why the Mind is not a Radically Emergent Feature of the Brain. In: FREEMAN, A. (ed.). *The Emergence of Consciousness.* Exeter: Imprint Academic, 2001.

FLANAGAN, Owen. *Dreaming Souls.* Oxford: Oxford University Press. 2000.

FODOR, Jerry Alan. Discussion: a Theory of the Child's Theory of Mind. *Cognition,* 44.

GAZZANIGA, Michael; IVRY, Richard; MANGUN, George. *Cognitive Neuroscience.* New York: W. W. Norton & Company, 1998.

GOMES, Paulo de Tarso. *Tempo e Consciência.* Londrina: Editora da Fuel, 2001.

GRIFFIN, Richard; BARON-COHEN, Simon. The Intentional Stance: Developmental and Neurocognitive Perspectives. In: BROOK, Andrew; ROSS, Don. *Daniel Dennett*. Cambridge: Cambridge University Press, 2002.

HAUGELAND, John. Pattern and Being. In: DAHLBOM, B. (ed). *Dennett and His Critics*. Cambridge, MA: Blackwell Publishers, 1993.

HEIL, John. *Philosophy of Mind*. London: Routledge, 1998.

HOBSON, Peter. Against the Theory of "Theory of Mind". *British Journal of Developmental Psychology* , 9, Stratford-upon-avon, 1991.

HUMPHREY, Nicholas. *Uma História da Mente*. Rio de Janeiro: Campus, 1994.

JEANNEROD, Marc. Neural Simulation of Action: a Unifying Mechanism for Motor Cognition. *Neuroimage*, 14, Amsterdam: The Netherlands/Elsevier, 2001.

JOHNSON, Steve. *Emergência*. Rio de Janeiro: Jorge Zahar Editores, 2003.

JOU, Graciela Inchausti de; SPERB, Tania Mara. Teoria da Mente: Diferentes Abordagens. *Psicologia: Reflexão e Crítica*, 12(2), jul.-dez. 1999.

KANT, Immanuel. [1789] *Crítica da Razão Pura*. Traduzido do alemão por V. Rohden e U. Mossburger. São Paulo: Abril Cultural, 1980.

KURZWEIL, Ray. *The Age of Spiritual Machines*. New York: Viking Adult, 1999.

LESLIE, Alan. Pretense and Representation: The Origins of "Theory of Mind". *Psychological Review*, 94, 1987.

LETTVIN, John, & MATURANA, Humberto. What the Frog's Eye Tells the Frog's Brain. *Proceedings of the Institute of Radio Engineers*, 1959.

MAGALHÃES, Fernanda Gutierrez. *O Realismo Moderado de Dennett como uma Alternativa para o Problema Ontológico do Mental*. Dissertação de mestrado, São Carlos: Departamento de Filosofia da UFSCAR, 2003.

MALCOLM, Norman. *Dreaming*. London: Routledge & Kegan Paul, 1962.

MIGUENS, Sofia. *Uma Teoria Fisicalista do Conteúdo e da Consciência*. Porto: Campo das Letras. 2002.

NAGEL, Thomas. What is Like To Be a Bat? In: CHALMERS, David J. (org.). *Philosophy of Mind: Classical and Contemporary Readings*. New York: Oxford University Press, 2002.

PERRETT, Di et al. Frameworks of Analysis for the Neural Representation of Animate Objects and Actions. *Journal of Experimental Biology*, 146, 1989.

PETITOT, Jean; VARELA, Francisco; PACHOUD, Bernard.; ROY, Jean-Michel. *Naturalizing Phenomenology*. Stanford: Stanford University Press, 1999.

PREMACK, David; WOODRUFF, Guy. Does the Chimpanzee Have a Theory of Mind? *Behavioural and Brain Science*, 1, 1978.

QUINE, Willard van Orman. *Word and Object*. Cambridge, MA: The MIT Press, 1960.

_____. *From Stimulus to Science*. Cambridge, MA: Harvard University Press. 1995.

RAMACHANDRAN, Vilayanur S. Mirror Neurons. In: <http://www.edge.org/3rd_culture/ramachandran/ramachandran_p1.html. Acesso em: 17/11/2008

RESTIVO, Sal. Bringing Up and Booting Up: Social Theory and the Emergence of Socially Intelligent Robots. In: *Systems, Man and Cybernetics*. Tucson: IEEE International Conference, 2001.

_____. Romancing the Robots: Social Robots and Society. Artigo enviado para *workshop* sobre Robôs como Parceiros - uma investigação sobre robôs sociais. Disponível em: <//ecal-mid.kaywa.com/files/romio.pdf2002>. Lausanne, Switzerland. 2002. Acesso em: 17/11/2008.

REVONSUO, Antii. Can Functional Brain Imaging Discover Consciousness? *Journal of Consciousness Studies*, v. 8, n. 3, 2001.

RIZZOLATE, G.; ARBIB, M. A. Language within Our Grasp. *Trends in Neuroscience*, n. 21, 1998.

ROBINSON, Daniel. *Introdução Analítica a Neuropsicologia*. São Paulo: E.P.U., 1973.

RYLE, Gilbert. *The Concept of Mind*. New York: Barnes & Noble. 1949.

SANTAELLA, Lucia. *Corpo e Comunicação*. São Paulo: Paulus. 2004.

SEARLE, John. *The Mystery of Consciousness*. New York: NYREV. Inc. 1997.

SEYFARTH, Robert M.; CHENEY, Dorothy L. Dennett´s Contribution to Research on the Animal Mind. In: BROOK, Andrew; ROSS, Don (eds.). *Daniel Dennett*. Cambridge: Cambridge University Press, 2002.

SHOEMAKER, Sydney. Qualia and Consciousness Tufts University Philosophy Department, 1988. (Manuscrito)

SIEGFRIED, Tom. *O Bit e o Pêndulo*. Rio de Janeiro: Campus, 2000.

SIMÕES, Eduardo; SANT'ANA, Luziana; MIAN, Aline; TEIXEIRA, João de Fernandes. *Robôs Socialmente Inteligentes e Deficiência Física/Mental*: uma possível porta para inserção social. Projeto de Pesquisa encaminhado ao CNPq (2004).

SYMONS, John. *On Dennett*. Belmont, CA: Wardsworth/Thomson Learning Inc. 2002.

TEICHERT, Dieter. Narrative, Identity and the Self. *Journal of Consciousness Studies*, Exeter, UK: Imprint Academic, v. 11, n. 10-11. 2004.

TEIXEIRA, João de Fernandes. *Cérebros, Máquinas e Consciência*. São Carlos: Edufscar. 1996.

_____. *Filosofia da Mente e Inteligência Artificial*. Campinas: Edições CLE-Unicamp, 1996.

_____. A Teoria da Consciência de David Chalmers. *Psicologia-USP*, n. 2, Instituto de Psicologia/USP, v.8, n.2, 1997.

_____. *Mente, Cérebro e Cognição*. Petrópolis: Vozes, 2000.

_____. *Filosofia e Ciência Cognitiva*. Petrópolis: Vozes, 2004.

TURING, Alain. Computação e Inteligência. In: http://www.filosofiadamente.org/content/blogcategory/14/15/. Acesso em:17/11/2008

WHITEN, Andrew. The Emergence of Mindreading: Steps Toward an Interdisciplinary Enterprise. In: _____. (org.). *Natural Theories of Mind*. Oxford: Blackwell, 1991.

WIRTH, Niklaus. *Algorithms and Data Structures*. New Jersey: Prentice Hall,1986.

WISE, Richard; CHOLLETT, François et al. Distribution of Cortical Neural Networks Involved in Word Comprehension and Word Retrieval. *Brain*, 114, 1991.

WITTGENSTEIN, Ludwig. *The Blue and Brown Book*. Oxford: Basil Blackwell. 1969.

Indicações de Leitura: Livros sobre Daniel Dennett

DAHLBOM, Bo. *Dennett and His Critics*. Livro que reúne uma série de artigos sobre a obra de Dennett, alguns dos quais bastante específicos e complexos.

ELTON, Matthew. *Daniel Dennett: Reconciling Science and Our Self-Conception*. Uma avaliação crítica da obra de Dennett, na busca por sua coerência ao longo dos anos. Leitura para quem já tem algum conhecimento da obra de Dennett.

LAND, Marcelo. *A Mente Externa: A Ética Naturalista de D. Dennett*. Rio de Janeiro: Garamond Universitária/Faperj, 2001. Livro sobre a ética de Dennett, contém também alguns aspectos de sua filosofia da mente. Leitura agradável.

MIGUENS, Sofia. *Uma Teoria Fisicalista do Conteúdo e da Consciência*. Análise detalhada da obra de Dennett, percorrendo todos os seus textos. De leitura extremamente agradável.

SYMONS, John. *On Dennett*. Uma introdução fácil e agradável à obra de Dennett. Recomendado para quem está se iniciando no assunto.

Sites Importantes

Site do Center for Cognitive Studies da Tufts University:http://www.ase.tufts.edu/cogstud/

Site contendo todas as obras e artigos sobre Dennett:http://sun3.lib.uci.edu/~scctr/philosophy/dennett/

Sofia Miguens: resenha de *Freedom Evolves*, disponível em: <http://www.disputatio.com/articles/014-4.pdf>

João de F. Teixeira: resenha de *Brainchildren*, disponível em:<http://psyche.cs.monash.edu.au/v4/psyche-4-15-teixeira.html>
Vale a pena, também, visitar o dicionário filosófico feito por

Dennett, repleto de humor e piadas sobre filosofia: <http://www.blackwellpublishing.com/lexicon/

Antonio Zilhão: resenha de *Darwin´s Dangerous Idea*, disponível em: < www.disputatio.com/articles/004-4.pdf>

Livros e Artigos de Dennett Traduzidos para o Português

Quebrando o Encanto. Rio de Janeiro: Globo, 2006.
Brainstorms. São Paulo: Editora da Unesp, 2006.
A Idéia Perigosa de Darwin. Rio de Janeiro: Rocco, 1998.
Tipos de Mentes. Rio de Janeiro: Rocco, 1999.
Linguagem e Inteligência. In: KHALFA, Jean (org.) *A Natureza da Inteligência*. São Paulo: Editora da Unesp, 1994.

– Onde Estou Eu na Página de Internet. Tradução do artigo na página: *Filosofia da Mente no Brasil* (www.filosofiadamente.org).
– Hal Cometeu Assassinato? Tradução do artigo na página: *Filosofia da Mente no Brasil* (www.filosofiadamente.org).

Livros de Dennett Traduzidos para o Castelhano

Contenido y Conciencia. Barcelona: Gedisa Editorial, 1996.
La Actitud Intencional. Barcelona: Gedisa Editorial, 1998.
La Conciencia Explicada. Barcelona: Ediciones Paidos, 1995.
La Evolución de la Liberdad. Barcelona: Ediciones Paidos, 2004.

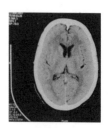

Este livro foi impresso em São Paulo,
nas oficinas da Gráfica Palas Athena,
para a Editora Perspectiva, em dezembro de 2008.